Disfruta
donde estás mientras caminas a donde vas.

(Vive en Gozo)

Gloria Richards

PUBLICADO POR HLM PRODUCCIONES, S. A. DE C. V.
Melquiades Alanís 5825, Alamos de S. Lorenzo, Cd. Juárez, Chih. 32320
E-mail: hlm@vinonuevo.net

Registro Público del Derecho de Autor No. 03-2006-081715220100-01 por Gloria Richards

Todos los derechos reservados. Ninguna parte de esta publicación puede ser reproducida sin el permiso previo de la autora.

ISBN - 1-933172-07-X   Hecho en México

INDICE

Introducción 5
Cap. 1 ¿Por qué un curso sobre el gozo y el contentamiento? 7
Cap. 2 Ladrón del gozo #1: Un concepto distorsionado de Dios 11
Cap. 3 Puesto que el gozo del Señor es sobrenatural tendrás que luchar por el 15
Cap. 4 Ladrón #2: Uno va al cielo por sus buenas obras 19
Cap. 5 Ver a Dios por quién es y cómo es 22
Cap. 6 Ladrón #3: El no aceptarte 26
Cap. 7 El gozo y el amor asombroso de Dios 30
Cap. 8 Ladrón #4: La Culpabilidad 34
Cap. 9 El estar contento es algo que podemos aprender 38
Cap. 10 Ladrón #5: El pesimismo y negativismo 42
Cap. 11 Pasa Tiempo con Gente de Fe que te inspire 47
Cap. 12 Ladrón #6: Temor 51
Cap. 13 El cuidado del cuerpo y los sentimientos 55
Cap. 14 ¿Cómo puedo estar gozoso cuando estoy de mal humor? 59
Cap. 15 Ladrón #7: El enojo no resuelto, la amargura y la falta de perdón 64
Cap. 16 Confía en la noche oscura cuando parece que Dios no esta allí ... 68
Cap. 17 Ladrón #8: La avaricia y el materialismo 72
Cap. 18 Decide eliminar todo pecado conocido y sé un cristiano radical ... 76
Cap. 19 A Dios le gustan las fiestas 80
Epílogo 85

INTRODUCCION

Hace varios meses empecé a leer y a estudiar sobre el tema del gozo del Señor, lo cual me desafiaba grandemente. Inmediatamente reconocí la necesidad en mi propia vida de cultivar ese espíritu de gozo, de dar gracias a Dios "en todo" y aun a ver el lado humorístico. Como yo estaba siendo tan bendecida, decidí escribir y compartir algunas de las poderosas verdades que estaba aprendiendo.

Como dice el joven que escribe en la contraportada, muchos hemos crecido pensando que Jesús fue una persona seria y fría. Necesitamos descubrir cómo era El en verdad, y cómo El quiere que nosotros sus hijos seamos.

No he llegado a donde quiero en este viaje, pero he sido muy bendecida por este material. Espero que tú también seas bendecido y que llegues a ¡disfrutar cada día donde estás mientras caminas a donde vas!

Capítulo 1
"¿Por qué un curso sobre el gozo y el contentamiento?

Una vez un escorpión pidió a una tortuga que le cargara sobre su espalda para cruzar un río, puesto que los escorpiones no pueden nadar. "¿Estás loco?" preguntó la tortuga. "Tú me picarás mientras estoy nadando y ¡me moriré!"
El escorpión se rió y respondió: "Claro que no lo haría porque si tú te ahogas, yo me hundiría juntamente contigo. Sería mi propia muerte".
La tortuga pensó con lógica y luego dijo: "¡Tienes razón, súbete!" El escorpión subió a la tortuga y a la mitad del viaje, le dio un fuerte piquete.
Mientras la tortuga empezaba a hundirse, con el escorpión atrás, gritó con desesperación: "Después de prometerme, sin embargo lo hiciste. ¿Por qué lo hiciste? Ahora los dos vamos a morir".
Ahogándose, el escorpión respondió tristemente: "No lo pude evitar. ¡Mi naturaleza es picar!"

Veremos en este estudio que nuestra naturaleza carnal es quejarnos, ser negativos y no estar contentos bajo cualquier circunstancia. También veremos que no es nuestra naturaleza disfrutar cada momento donde estamos, ¡mientras caminamos a donde vamos!

I. Alegrarnos en El es una orden.
¿Sabías que Dios nos manda alegrarnos, estar gozosos y dar gracias en todo momento? No es un asunto opcional sino un mandamiento, por lo cual nos urge aprender cómo cultivar ese estilo de vida. ¿Te parece una meta inalcanzable? Te invito a tomar un viaje de aprendizaje juntamente conmigo porque, así como tú, estoy en busca de esta clase de vida.

Primeramente, veamos lo que dice Dios sobre el tema.
*"Y **te alegrarás** delante de Jehová tu Dios, tú, tu hijo, tu hija, tu siervo, tu sierva, el levita que habitare en tus ciudades, y el extranjero, el huérfano y la viuda que estuvieren en medio de ti, en el lugar que Jehová tu Dios hubiere escogido para poner allí su nombre.*

*Y **te alegrarás** en tus fiestas solemnes, tú, tu hijo, tu hija, tu siervo, tu sierva, y el levita, el extranjero, el huérfano y la viuda que viven en tus poblaciones. Siete días **celebrarás fiesta** solemne a Jehová tu Dios en el lugar que Jehová escogiere; porque te habrá bendecido Jehová tu Dios en todos tus frutos, y en toda la obra de tus manos, y **estarás verdaderamente alegre"** Deut. 16:11,14, 15. ¿Te fijaste que Dios les mandó alegrarse delante de El?*

También leemos:
"Pero alégrense todos los que en ti confían.." Sal. 5:11.
"Regocijaos en el Señor siempre..." Fil. 4:4.
"Estad siempre gozosos" I Tes. 5:16.
¡Estos son mandamientos, no sugerencias!

Pero además existe otra Escritura que es un desafío aun más fuerte:

"Por cuanto no serviste a Jehová tu Dios con alegría y con gozo de corazón... .servirás, por tanto, a tus enemigos que enviare Jehová contra ti...." Deut. 28:47, 48.
Dios está diciendo que, porque no le servían con alegría y con gozo, ¡serían esclavos del enemigo!

> **Preguntas para reflexionar:** ¿Este texto te inquieta y te hace reflexionar? ¿Cuáles son algunos de los enemigos de los cuales podemos ser esclavos?

II. Primeramente, hay que entender lo que No estamos diciendo.

(1.) El gozo bíblico no implica que no habrá lágrimas. Hay aflicciones en esta vida, hay divorcios, enfermedades, seres amados que mueren, hijos que se rebelan. Todo esto provoca tristeza y lágrimas.
Jesús lloró ante la tumba de Lázaro. Pablo habla de la tristeza que siente por Israel y su incredulidad (Ro. 9: 2, 3).
(2.) El gozo del Señor no es lo mismo que la felicidad. Muchas personas usan las dos palabras intercambiadas, pero no son lo mismo. La palabra felicidad significa un sentir de bienestar como el resultado de circunstancias agradables.

Las Escrituras hablan de un gozo que no depende de las circunstancias. De modo que el verdadero gozo no tiene nada que ver con ir a Disneylandia o a Cancún de vacaciones.

(3) El gozo del Señor es como la raíz, y el estar contento en medio de nuestras circunstancias difíciles, es el fruto y es algo que tenemos que aprender.

(4.) Nuestro temperamento afectará el cómo expresamos el gozo. Algunas personas son jubilosas al extremo: éste es su temperamento. Otras personas, por su temperamento, pueden expresar gozo tranquilo, como un deleite calmado, un profundo sentir de bienestar.

En los siguientes capítulos ampliaremos cada uno de estos puntos, y así entenderemos más de lo que es el gozo bíblico y cómo podemos disfrutar donde estamos, mientras caminamos hacia donde vamos. Pero un factor importante es desarrollar un buen sentido del humor.

III. Cultiva un sentido del humor
Aunque el gozo del Señor no es asunto de contar chistes, puesto que es algo mucho más profundo, las personas con buen sentido del humor disfrutan de la vida más que otros, sean cristianas o no. Y es algo que podemos cultivar. Se puede aprender a ver el lado humorístico, aun en situaciones tensas.

Me gusta leer los libros de la autora Bárbara Johnson porque ella tiene un sentido del humor como pocas personas, ¡a pesar de que ha tenido varios golpes tremendos en su vida, trayéndole gran sufrimiento! Siendo ahora una mujer anciana, ella hace chistes acerca de la vejez. En un libro escribió: "He llegado a la edad donde ¡necesito mi dentadura postiza y aparato auditivo antes de que pueda preguntar dónde dejé mis lentes!"
Salomón escribió: *"El corazón alegre constituye buen remedio; mas el espíritu triste seca los huesos"* (Prov. 17:22).

Mi esposo es un excelente ejemplo de una persona con un buen sentido del humor. ¡Cuántas veces él me hace reír en medio de una situación difícil! Cierto día, estábamos en el consultorio de un médico y él acababa de decirme que escribiera todo lo que como durante un día, para ver si cierta comida estaba provocándome problemas. Cabe mencionar que este doctor es especialista en nutrición y en muchas ocasiones me había advertido en contra del azúcar blanca, los dulces, postres, etc. Entonces cuando me dijo que escribiera todo lo que como en un día, pensé dentro de mí: no le voy a decir de los dulces. En esto, mi esposo volteó y me preguntó: "Mi amor, ¿sabes cómo escribir la palabra SNICKERS?" (mi chocolate favorito). Con esto, todos empezamos a reírnos, incluyendo el médico.

Alguien dijo: "Un buen sentido del humor no es para todo el mundo. Es únicamente para los que quieren divertirse, disfrutar de la vida y sentirse vivos".

Preguntas para reflexionar: ¿Dirías que tienes un buen sentido del humor o te falta desarrollarlo? ¿Por qué no encuentras una caricatura en una revista o libro esta semana y compártelo con tu familia? Verás que todos se reirán.

Conclusión
Mientras aprendemos principios para cultivar el gozo del Señor, que es la fuente de una vida de contentamiento, nunca olvidemos que Jesús llamó a Satanás un ladrón (Jn. 10:10), y él quiere robar nuestro gozo. En los siguientes capítulos veremos nueve de sus estrategias para robarnos.

Oración sugerida:
"Gracias, Señor, porque si Tú nos mandaste alegrarnos y estar siempre gozosos, es porque nos darás la habilidad de hacerlo. Yo decido hoy "servirte con alegría y venir ante tu presencia con regocijo" (Sal. 100: 2).
 Gracias por enseñarme a cultivar un buen sentido del humor, puesto que el corazón alegre constituye buen remedio".

Capítulo 2
Ladrón del gozo #1: Un concepto distorsionado de Dios

Cuando el pastor anunció que iba a jubilarse, un comité de la iglesia entrevistó a muchos posibles candidatos. Después de revisar los currículums de todos, escribieron: Lamentamos que no hemos podido encontrar un candidato apropiado para esta iglesia. Aquí está nuestro reporte confidencial:

Adán: Un buen hombre que tiene problemas con su esposa. Se cuenta que él y su mujer caminan desnudos en el bosque.
Noé: En su pastorado anterior, que duró 120 años, no tenía convertidos. Tiene la tendencia a soñar con proyectos de construcción no realistas.
José: Piensa en grande, pero tiende a jactarse. Tiene antecedentes penales.
Moisés: Un hombre humilde, pero no es bueno para comunicarse; a veces tartamudea.
Débora: Una palabra: ¡es mujer!
David: Parecía el candidato con mayores cualidades de liderazgo, hasta que descubrimos que cometió adulterio con la esposa de un vecino.
Salomón: Grande predicador, pero con un problema: las mujeres.
Elías: Propenso a la depresión.
Oseas: Un pastor amado, pero nuestra gente no puede aceptar la ocupación de su esposa.
Jonás: El nos dijo que un gran pez le tragó y luego le vomitó sobre la tierra. Al escuchar esta historia, colgamos el teléfono.
Pablo: Poderoso líder y predicador, pero le falta diplomacia, es duro y se dice que una vez predicó toda la noche.
Timoteo: Demasiado joven.
Judas: Sus referencias son sólidas, conservador, tiene buenas relaciones, sabe manejar dinero. Le estamos invitando a predicar el domingo próximo.

Como esta anécdota chusca nos indica, podemos estar totalmente engañados y muy equivocados. En muchos asuntos de la vida, no hay serias consecuencias si estamos equivocados, pero en otros sí. ¿Sabes cuál es uno de los asuntos de mayor trascendencia? ¡Es nuestro concepto de Dios!

Piénsalo: ¡Nos comportamos como nos comportamos, debido a que creemos lo que creemos! Es decir, nuestras creencias, especialmente acerca de Dios, tienen una influencia directa en la clase de persona que somos.

Con razón Satanás quiere engañarnos, porque si nos puede mantener en ignorancia, creyendo una mentira en cuanto a la naturaleza de Dios, será imposible que seamos personas gozosas. ¡Es la verdad lo que nos hace libres! (Jn. 8:32) Como cualquier ladrón astuto, el enemigo tiene muchas estrategias para robarnos, y en este capítulo veremos una de ellas: un concepto distorsionado acerca de Dios.

I. Conceptos equivocados de quién es Dios

1.) Como un abuelito, incapaz de demandar nada de sus hijos. Este es un concepto popular por razones obvias, puesto que no requiere compromiso ni responsabilidad. Pero es un terrible engaño, que da a las personas una seguridad falsa.

2.) Muchos ven a Dios como un policía celestial, un juez severo o un padre autoritario, y el resultado es que viven en temor, hasta terror de El. Jamás pueden experimentar acercamiento con El.

> **Para reflexionar:** Menciona por lo menos un texto que enseña que estos son conceptos erróneos.

3.) En los días antes de la Reforma, cuando vivía Martín Lutero, la Iglesia enfatizó tanto los horrores del infierno y la ira de Dios, que el joven Martín – y millones más – vivían atemorizados. Había tanta ignorancia acerca de Dios que los historiadores llaman a esta época la "era del oscurantismo".

Lutero, el mismo instrumento que Dios usó para traer luz sobre la doctrina básica de salvación por fe y no por obras, escribió acerca del terrible terror con el cual vivió en su juventud, que casi lo volvía loco. ¡Hasta este extremo puede llevar el resultado de un concepto equivocado de Dios!

> **Pregunta para reflexionar:** ¿Puedes pensar en por lo menos una o dos Escrituras que hubieran ayudado a Martín Lutero durante sus años de ignorancia y temor, a tener paz – y que ayudarían a todos los que confían en sus propias obras para ser salvos? (Rom. 5:1; Rom. 1:17; Ef. 2:8-10).

3.) Durante esta misma época, había líderes religiosos que tomaban un voto de pobreza, creyendo que era más santo vivir en abnegación. Influenciaron a millones de personas a creer que Dios no desea que prosperemos económicamente. "Entre más uno sufre en esta vida, más posibilidad existe de que vaya al cielo," era su creencia. Esos líderes religiosos amaban a Dios pero tenían un concepto equivocado en cuanto a su voluntad y su carácter.

> **Preguntas para reflexionar:** ¿Crees que tú – de alguna forma – has sido influenciado por este concepto equivocado? ¿Has sido librado? ¿Cuáles Escrituras usó el Señor para mostrarte la verdad? Lee los siguientes textos: Deut. 8:18; Deut. 28: 5, 11; 3 Jn. 2.

4.) "Uno va al cielo por sus buenas obras," es otro concepto distorsionado que roba a muchos de una vida gozosa. En otro capítulo trataremos este tema.

> **Pregunta para reflexionar:** ¿Puedes pensar en otros conceptos equivocados que has observado en la gente o que tú mismo has tenido?

II. A Dios le gustan las fiestas

Las personas religiosas que ven a Dios como un "aguafiestas" se van a sorprender que en el Antiguo Testamento, varias veces al año, el pueblo tuviera que presentarse delante del Señor para una fiesta solemne. El propósito era que recordaran de dónde El les había sacado, y allí es donde El les mandó alegrarse, como vimos en el capítulo anterior. ¡El es un Dios de gozo, un Dios fiestero!

Miles de años después, cuando vino Jesús, El contó la historia del hijo pródigo – que nos representa a nosotros – y el Padre, quien representa a Dios. Ese padre mandó hacer una fiesta cuando su hijo regresó a casa. El dijo: "hagamos fiesta" y ¡se oyó música y danzas en la casa del padre!

Además, la Biblia dice que Dios se goza sobre nosotros, su pueblo. *"El Señor está en medio de ti, poderoso, él salvará; se gozará sobre ti con alegría...se regocijará sobre ti con cánticos"* Sof. 3:17.

Conclusión

A través de todas estas lecciones, continuaremos aprendiendo conceptos correctos de Dios, por lo cual, la tristeza huirá y el gozo del Señor nos llenará.

David declaró: *"Este es el día que hizo el Señor, nos gozaremos y alegraremos en él"* Sal. 118:24. Al levantarte en la mañana, antes de que tus pies toquen el piso, decláralo, pero hazlo personal: Este es el día que hizo el Señor, ¡yo me gozaré y me alegraré en él!

Oración sugerida:

"Señor, gracias porque la verdad de tu Palabra me está haciendo libre, libre de conceptos equivocados de Ti. Enséñame más y más cada día de cómo Tú eres, para que te conozca mejor. Te doy gracias porque te gozas sobre mí con alegría, por lo tanto, yo decido gozarme este día en tu amor y bondad."

Capítulo 3
Puesto que el gozo del Señor es sobrenatural, tendrás que luchar por el

Charles Swindoll, un reconocido pastor y autor de los Estados Unidos dice: "Cada día yo encuentro por lo menos una cosa por lo cual reírme. Puede haber excepciones, pero esos días son raros. Aun los expertos nos indican que la risa puede traer grandes beneficios a nuestras vidas tan serias. Dicen que cambia nuestras expectativas, hace que el cerebro produzca endorfinas que aligeran el estrés, activan el sistema inmunológico y provocan un sentido de bienestar. Cuando nuestro mundo empieza a ponerse demasiado serio, necesitamos interrupciones momentáneas de sana diversión. Necesitamos darnos permiso para disfrutar la vida, aunque no sea perfecta. Requiere práctica, ¡pero vale la pena!"

Sí, requiere práctica disfrutar la vida, pero ¡vale la pena! Si vamos a disfrutar donde estamos, mientras caminamos hacia donde vamos, es necesario primeramente desarrollar el gozo del Señor. Y como aprendimos en una lección anterior, esta clase de gozo no es lo mismo que la felicidad, que depende de las circunstancias externas.

I. Lo que es el gozo bíblico
Puesto que Dios es la fuente del verdadero gozo, nadie puede tenerlo aparte de una relación estrecha con El a través de su Hijo, Jesucristo. No estoy diciendo que la gente que no conoce a Dios no tiene felicidad. Aun la Biblia dice que hay placer momentáneo en el pecado.

Sin embargo, aparte de Jesucristo, es imposible tener el gozo bíblico, que es un contentamiento divino – un deleite apacible y profundo - en medio de una vida no necesariamente placentera. Solo un conocimiento mental de El, no lo producirá, tampoco el trabajar para El lo producirá. Pero el conocerle, tener amistad con El, sí lo puede producir.

> **Preguntas para reflexionar:** Lee Santiago 1:2. *"Hermanos míos, tened por sumo gozo cuando os halléis en diversas pruebas"*. ¿Cómo es posible tener sumo gozo cuando estamos en medio de pruebas? ¿Cómo se puede definir el gozo bíblico? (la respuesta se encuentra en la página anterior).

¿Sabes qué? La capacidad para gozarte – no necesariamente la experiencia – ya está dentro de nosotros, porque la naturaleza de Dios está en nosotros. ¿Esto te da esperanza de que puedes aprender a conectarte a este tesoro, puesto que la capacidad ya está dentro de ti? En este estudio vas a aprender cómo conectarte y ¡aprovechar esta riqueza!

II. Un principio para ayudarte a cultivar este gozo

Primer principio:
Reconoce que el gozo del Señor es sobrenatural, por lo cual tendrás que luchar diariamente por el.

Es sumamente necesario entender este principio: tendrás que luchar diariamente para mantener tu gozo, puesto que no es una vida natural, sino sobrenatural.

Es una lucha porque vivimos en un mundo negativo y porque nuestra naturaleza carnal se enfoca en lo negativo y en lo que no tenemos. Las obras de la carne pelean en contra del Espíritu, y la Biblia usa términos como "crucificar" y "haced morir" a la carne.

Jorge Mueller fue un hombre inglés, grandemente usado por Dios en el siglo XIX. El dijo: "Llegué a entender que mi primer propósito cada mañana es que mi alma se alegre en el Señor. Porque cuando mi hombre interior se regocija, todo lo demás viene por añadidura."

¡Que impactante revelación tuvo Mueller: que su primer propósito cada mañana era que su alma se alegrara en el Señor! Entonces tenemos que preguntarnos ¿cuáles son algunas de las armas que necesitamos usar para "crucificar a nuestra carne" y conectarnos al gozo del Señor?

III. Nuestra armadura
Pablo habló de nuestra armadura y mencionó, entre otras cosas, "la espada del Espíritu, que es la palabra de Dios" (Ef. 6:11, 17). Todos hemos escuchado la frase: Somos lo que comemos. Pues, en lo espiritual también somos lo que comemos.

> **Pregunta para reflexionar:** Aparte de la espada del Espíritu, ¿cuáles son algunas otras armas mencionadas en Efesios 6?

La Palabra de Dios es nuestro alimento y es parte de la armadura que debemos usar para combatir las obras de la carne. Veamos algunas verdades eternas que son capaces de provocar gozo en nuestros corazones:

"Yo sé los planes que tengo para ustedes, planes para su bienestar y no para su mal, a fin de darles un futuro lleno de esperanza". Jer. 29:11 (Dios Habla Hoy).

"Ahora bien, sabemos que Dios dispone todas las cosas para el bien de quienes lo aman, los que han sido llamados de acuerdo con sus propósitos" Rom. 8:28 (NVI).

"Joven fui, y he envejecido, y no he visto justo desamparado, ni su descendencia que mendigue pan" Sal. 37:25.

"Dios es nuestro amparo y fortaleza, nuestro pronto auxilio en las tribulaciones" Sal. 46:1.

"¿Quién nos separará del amor de Cristo?....ni la muerte, ni la vida, ni ángeles, ni principados, ni potestades, ni lo presente, ni lo por venir, ni lo

alto, ni lo profundo, ni ninguna otra cosa creada nos podrá separar del amor de Dios, que es en Cristo Jesús Señor nuestro" Rom. 8:35, 39.

Conclusión
Aprende de memoria varias (o todas) de estas Escrituras y medita en todo lo que implican para tu vida. Si Dios es tu pronto auxilio en las tribulaciones y si nada ni nadie puede separarte de Su amor, ¡no puedes quedarte triste!

Oración sugerida:
"Gracias, Señor, porque la capacidad para vivir en gozo ya está dentro de mí, y aunque sea una lucha diaria para crucificar mi carne, me has dado las armas espirituales para luchar y ganar. En vez de meditar en mis problemas, escojo meditar en tu Palabra. Como Pablo, también declaro que *si Dios está conmigo, ¿quién contra mí?"*

Capítulo 4
Ladrón #2: "Uno va al cielo por sus buenas obras"

Imagínate por un momento que estás invitado a una boda poco usual. Allí se encuentran los novios, él es guapo y ella es bellísima. Pero antes de repetir sus votos, cada uno entrega al otro un contrato, explicando los requisitos de su nueva relación. El novio lee lo que le corresponde: "Estaré encargado de la limpieza y cuidado del patio y del automóvil, proveeré todas las necesidades económicas y físicas de la familia, etc." Luego la novia lee su parte del contrato: "Prepararé todas las comidas, limpiaré y cuidaré la casa, lavaré la ropa, etc."

¿Qué hay de malo en esta escena? Ellos están tratando de establecer por medio de reglas todo lo que ¡el amor automáticamente les provocaría hacer!

I. El legalismo: un cruel tirano

No hay nada que pueda robarte más de la vida abundante que Jesús vino a darnos como el ser una persona legalista y vivir bajo un sistema de obras.

Yo sé porque viví muchos años de esta manera y me doy cuenta que muchas otras personas también. Nunca pude gozarme en el Señor porque no tenía ninguna seguridad, ni de su amor, ni de mi salvación, puesto que creí que dependía de que yo cumpliera sus mandamientos. Y si depende de nosotros, ¿cómo podemos estar seguros que hemos hecho lo suficiente…que no hemos fallado en algo?

Bajo el pacto del Antiguo Testamento, la vida del pueblo de Dios fue basada en cumplir leyes y cuando pecaban o no cumplían, tenían que ofrecer sacrificios de animales. Había tantas leyes en el Antiguo Testamento que era difícil que la gente pudiera guardarlas todas.

Cuando vino Jesús, El estableció un nuevo pacto: el pacto de la gracia. Ahora nuestra salvación no se basa en cumplir reglas y mandamientos, sino en aceptar el regalo de su misericordia a través de la fe en el Señor Jesucristo. Al aceptar este regalo, entramos en una relación de amor con Jesús y ahora la motivación de obedecer viene de adentro.

Como en un buen matrimonio, cada uno sirve al otro por amor, no por obligación. De la misma manera, una persona que conoce y que ama a Cristo, no necesita una ley para obligarle a vivir correctamente. Su amor le impulsa a hacerlo. La motivación viene de adentro.

> **Preguntas para reflexionar:** ¿Crees que la persona enamorada obrará más o la persona motivada por reglas? ¿Tú has vivido de las dos formas?

II. Santiago no contradice a Pablo

Santiago capítulo 2, pudiera parecer contradictorio al mensaje de salvación por fe. Versículo 14 dice: *"Hermanos míos, ¿de qué aprovechará si alguno dice que tiene fe, y no tiene obras? ¿Podrá la fe salvarle?"* Pero al leer cuidadosamente, lo que dice Santiago no contradice lo dicho por Pablo y Jesús. Cuando Santiago declara que la fe sin obras es muerta, él está enseñando que es ¡fe **que** obra, no fe **y** obras!

> **Preguntas para reflexionar:** ¿Por qué es esencial entender que la Biblia no enseña salvación por fe **y** obras, sino fe **que** obra? ¿Has captado la diferencia entre estos dos conceptos?

En cierta ocasión algunos eruditos y teólogos se reunieron en Londres y estaban discutiendo la diferencia entre el cristianismo y otras religiones. En esto, entró C. S. Lewis, un hombre muy estudioso y con una de las más brillantes mentes de su día, y contestó: "Esta es una pregunta fácil. ¡Lo que distingue al cristianismo de todas las demás religiones, es la gracia!"

> **Preguntas para reflexionar:** ¿Te das cuenta que todas las sectas están basadas en un sistema de obras? Si alguien de estas sectas llegara a tu casa para evangelizarte, ¿cuáles Escrituras usarías para mostrarle su error? (Tito 3:5; Ef. 2: 8-10; Jn. 3: 16).

III. Legalismo en la vida diaria

Aunque la mayoría de nosotros ya entendemos que somos salvos por gracia, no por obras, y que el cumplir o no cumplir con ciertas disciplinas espirituales no afecta nuestra entrada al cielo, sin embargo, muchos seguimos batallando con el legalismo en la vida diaria. Por lo tanto, nuestra relación con Dios se ha reducido a un sistema de cumplir reglas que estrangula la vida en el Espíritu.

Por ejemplo, muchos todavía piensan – tal vez inconscientemente – que Dios les ama más cuando leen la Biblia, oran y asisten a la iglesia. Por supuesto que estas disciplinas espirituales son importantes, porque nos ayudan a conocer a Dios mejor. Pero la vida cristiana no es asunto de "cumplir" reglas, sino de disfrutar una relación con Dios.

> **Pregunta para reflexionar:** ¿Puedes pensar en otros ejemplos de legalismo en la vida diaria que quitan el gozo?

Conclusión

David oró: *"Vuélveme el gozo de tu salvación"* (Sal. 51:12). Durante la próxima semana, varias veces al día, pide lo mismo: "Señor, ¡vuélveme el gozo de tu salvación! Y si todavía hay legalismo en mí, enséñamelo para que pueda ser libre." Debes saber que tendrás que luchar espiritualmente para cultivar este gozo y mantenerlo, pero ¡vale la pena!

Oración sugerida:

"Gracias, Padre, porque me has salvado por fe en Cristo, independientemente de mis obras. Ahora que entiendo que tu amor no depende de mi comportamiento, vivo libre y gozoso. Mi amor por Ti es lo que me motiva a obedecerte y agradarte".

Capítulo 5
Hay que ver a Dios por quién es y cómo es

Alguien escribió: "Cómo estar seguro en el mundo actual"
1. Evita andar en automóviles porque son responsables del 20% de todos los accidentes fatales.
2. No te quedes en casa, porque el 17% de todos los accidentes ocurren en el hogar.
3. Evita caminar en las calles o banquetas, porque el 14% de todos los accidentes ocurren a peatones.
4. Evita viajar por avión, por tren o por barco, porque el 16% de todos los accidentes involucran estas formas de transporte.
5. Del 33% que queda, el 32% de todas las muertes ocurren en hospitales, así que evita los hospitales.

No obstante, únicamente el 1% de las muertes ocurren en servicios de adoración en la Iglesia y casi siempre tienen que ver con una condición previa. Por lo tanto, el lugar más seguro, en cualquier momento, es la Iglesia. Y el estudiar la Biblia también es seguro. El porcentaje de gente que muere mientras leen la Biblia es aun menos. ¿La conclusión? Asiste a la Iglesia y lee tu Biblia. ¡Pudiera salvarte la vida!

Ahora veamos otro principio en el camino para cultivar una vida gozosa.

I. Tenemos nuestra parte en el desarrollo del gozo
En una lección anterior aprendimos que la capacidad para tener el gozo del Señor es algo ya dentro de nosotros; también hemos aprendido que este gozo es sobrenatural, por lo cual tendremos que luchar diariamente. Aunque no lo podemos producir nosotros mismos, tenemos que poner de nuestra parte para que se desarrolle en nosotros. Ahora veamos otro principio para que seamos conectados a este gozo.

Segundo principio:
> *Reconoce que la lucha es principalmente para ver a Dios por quién es y cómo es.*

¡Tu enfoque determina tus sentimientos! Corrie ten Boom, una mujer que estuvo recluida por años en un campo de concentración nazi por haber protegido a judíos, explicó el poder del pensamiento:

>> Si miras al mundo, te afligirás.
>> Si miras tu interior, te deprimirás.
>> Pero si miras a Cristo, ¡reposarás!

Todos tenemos problemas y dificultades, unos más que otros. Pero si aprendemos esta lección: de fijar nuestros ojos en el Señor y verle por quién es y cómo es, podremos vivir en gozo a pesar de no tener una vida placentera. La Biblia dice que Moisés soportó una vida de problemas *"porque tenía la mirada puesta en la recompensa"* (Heb. 11:26).

> **Preguntas para reflexionar:** ¿Has experimentado lo que comparte Corrie ten Boom? ¿Piensas que si pusieras tu mirada en la recompensa, como Moisés, te ayudaría a soportar las pruebas de esta vida?

II. La Biblia es clave para conocer a Dios

La única manera de saber quién es Dios y cómo es El, es meditar en Su Palabra. Notemos cuatro Escrituras que relacionan el gozo con el conocimiento de El:

1. *"Los mandamientos de Jehová son rectos, que* **alegran** *el corazón..."* (Sal. 19:8).

¿Crees que los mandamientos son pesados, gravosos? Seguramente sí son para las personas que no han recibido a Jesús y no tienen una naturaleza nueva. Ellos creen que Dios es un "quita placeres". Pero para nosotros que amamos a Dios, su Palabra "alegra el corazón", porque trae aliento, esperanza y dirección a la vida - ¡lo que todos queremos!

> **Preguntas para reflexionar:** ¿Puedes pensar en alguna ocasión en tu vida cuando al leer la Palabra te trajo esperanza y aliento? ¿También en alguna ocasión cuando experimentaste gozo al obedecer los mandamientos? ¿Por qué crees que fue así?

2. *"Porque el reino de Dios no es comida ni bebida, sino justicia, paz y* **gozo** *en el Espíritu Santo"* (Rom. 14:17).

¿Te anima saber que el gozo del Señor es una parte integral de la vida cristiana, no solo un beneficio secundario?

3. *"Estas cosas os he hablado, para que* **mi gozo** *esté en vosotros, y vuestro gozo sea cumplido"* Jn. 15:11.

Hay que notar que estas palabras de Jesús vienen inmediatamente después de que El había dicho que si guardamos sus mandamientos y permanecemos en su amor, entonces su gozo estará en nosotros.

4. *"Gustad, y ved que es bueno Jehová;* **dichoso** *el hombre que confía en él".* Sal. 34:8.

Reflexionemos un momento en lo que significa este texto. Nos asegura que la persona que confía en Dios será dichosa o feliz. Pero primeramente dice: Ved que es bueno Jehová. Entre más "vemos" – por los ojos de la fe – la bondad y misericordia de Dios, leyendo y meditando sobre su Palabra, más seremos personas gozosas.

Hay un corito sencillo que hemos cantado por más de 25 años que expresa la verdad central de esta lección:

>Pon tus ojos en Cristo,
>Tan lleno de gracia y amor,
>Y lo terrenal sin valor será,
>A la luz del glorioso Señor.

Conclusión

Hace años mi esposo producía programas de radio y frecuentemente él terminaba los programas con esta frase: "Dios es más grande que todos tus problemas". Permite que este breve mensaje penetre en tu espíritu ahora mismo y ¡no podrás estar triste! Podrás decir: ¡Disfruto donde estoy, mientras camino a donde voy!

Cuando vemos a Dios por quién es, produce gozo. Pero al verle a El, en un sentido, es solo la mitad del "cuadro". También necesitamos vernos a nosotros mismos como El nos ve, con nuestras diferentes habilidades y dones. Si no nos aceptamos, Satanás, el ladrón, robará nuestro gozo. De esto se trata el siguiente capítulo.

Oración sugerida:

"Te agradezco, Señor, por tu Palabra que me muestra Quién eres y cómo eres: un Padre que quiere lo mejor para sus hijos y que tienes cuidado de ellos. Gracias porque tienes pensamientos de bien, y no de mal, para conmigo. Por lo tanto, decido hoy poner los ojos en Ti y no dejarme llevar por las circunstancias."

Capítulo 6
Ladrón #3: El no aceptarnos

Si vas a una tienda de arte fino, encontrarás pinturas originales que cuestan miles de dólares o más. Luego si vas a una tienda como Gigante o Wal-Mart, probablemente podrás encontrar algo parecido (al ojo no entrenado) por $10 dólares, porque no es un original, sino una copia.

¡Tú eres un original, no una copia! Cuando reconozcas tu gran valor, ¡tendrás gozo abundante! Recuerda: Dios te hizo y como dijo alguien: ¡Dios no hace chatarra!

En la lección anterior aprendimos que tenemos que ver a Dios tal como es. Ahora veremos "el otro lado de la moneda": quienes somos nosotros en El. Una de las estrategias del enemigo para robar nuestro gozo es que no nos aceptemos o que no aceptemos nuestro lugar en el Cuerpo de Cristo.

I. ¿Por qué no nos aceptamos?
La familia es la fuente principal de donde formamos nuestro autoconcepto. Las palabras de la gente de autoridad nos afectan profundamente, ya sea para bien o para mal.

¿Alguien te ha dicho: "Eres un tonto", "No sirves para nada", "Ojalá que nunca hubieras nacido"? Tú puedes vencer los efectos dañinos de tales palabras si empiezas a creer lo que Dios dice de ti. El dice que:
    Fuiste comprado a gran precio (I Co. 6:10).
    Eres una joya que El posee (Mal. 3: 16,17).
    Eres una nueva criatura (2 Co. 5:17).
    Eres la cabeza y no la cola (Dt. 28: 13).
    Fuiste creado a su imagen y semejanza (Gen. 1: 26,27).
    Eres más que vencedor por medio de Aquel que te amó (Rom. 8:37).

> **Preguntas para reflexionar:** ¿Has batallado con una baja autoestima, ya sea por palabras negativas que escuchaste o solo porque, como todos, llevas las huellas del pecado? Si la respuesta es sí, ¿piensas que esto ha disminuido el gozo en tu vida?

II. Acepta tu lugar en el Cuerpo de Cristo

Algunas personas no tienen gozo porque quieren ser alguien que no son o tener un lugar en el Cuerpo de Cristo donde Dios no les ha colocado. Pablo explica en el capítulo 12 de I Corintios que Dios puso los miembros cada uno en el cuerpo, como El quiso (v. 18). Algunos son ojos, otros son manos, brazos, órganos internos, pies, etc. Y cada uno tiene una función importante.

Tal vez, te sientes insignificante, como un dedito. Pues, cuando yo tengo comezón en mi oído, ningún otro miembro de mi cuerpo me puede ayudar, ¡únicamente el dedito!

Además, hay un principio en el reino espiritual que no existe en lo natural. En mi cuerpo físico, mi dedito siempre será dedito; jamás cambiará. Sin embargo, Dios dice que si somos fieles en lo poco, El nos pondrá sobre mucho. Es decir, existen promociones en el Cuerpo espiritual. Sé fiel donde estás ahora, y probablemente en el futuro recibirás una promoción.

III. Descubre tus dones y tu ministerio

¿Cómo podemos descubrir cuál es nuestro ministerio, o lo que el Señor quiere que hagamos? Rick Warren, en su libro *Una Vida Con Propósito*, menciona varios factores:

(a.) La pasión. La manera en que tú puedes descubrir tu ministerio es en qué área tienes pasión.

(b.) Tus habilidades. La Biblia dice, *"Dios nos ha dado a cada uno la habilidad de hacer ciertas cosas bien"* (Rom. 12:6 Biblia al Día). Ya que tus habilidades naturales son de Dios, son tan importantes y tan "espirituales" como los dones espirituales. Las habilidades que tienes son señales fuertes de lo que Dios quiere que hagas con tu vida.

Por ejemplo, Dios da la habilidad a ciertas personas de ganar mucho dinero. Estas personas son buenas levantando negocios, haciendo ventas y obteniendo ganancias. Si tienes esta habilidad para comercializar, debes usarla para la gloria de Dios. Moisés les dijo a los israelitas: *"Recuerden al Señor su Dios, porque él es quien les da la habilidad de producir riquezas"* (Dt. 8:18).

(c.) Tu temperamento o personalidad. No hay temperamentos "buenos" ni "malos". Necesitamos todo tipo de personalidades para darle equilibrio a la Iglesia. El mundo sería un lugar muy aburrido si todos fuéramos de iguales.

Tu personalidad afectará *cómo* y *dónde* usas tus dones y habilidades espirituales. Por ejemplo, dos personas tal vez tengan el mismo don de evangelismo, pero si uno es introvertido y el otro es extrovertido, el don será expresado en diferentes formas.

Los carpinteros saben que es más fácil trabajar *con* el engrane y no *en contra*. De la misma manera, cuando eres forzado a ministrar en una manera que está "fuera de carácter" para tu temperamento, crea tensión, requiere esfuerzo extra, y produce menos que los mejores resultados.

Cuando tú intentas servir a Dios en maneras que no fuiste formado para servir, se siente como forzar un cuadrito de madera en un agujero redondo. Es frustrante y produce resultados limitados. También echa a perder tu tiempo, tu talento y tu energía. El mejor uso de tu vida es servir a Dios de acuerdo a tu pasión, tus habilidades y tu temperamento.

> **Preguntas para reflexionar:** ¿En ocasiones te has sentido frustrado, como el carpintero trabajando en contra del engrane, porque estabas tratando de servir en algún ministerio para lo cual no fuiste formado? ¿Sientes que ahora has encontrado tu lugar correcto en el Cuerpo?

IV. Sobre la marcha: empieza a servir

La mejor manera de descubrir tus dones y ministerio es de *experimentar* con diferentes áreas de servicio. La mayoría de nosotros no sabíamos que teníamos ciertas habilidades hasta que empezamos a utilizarlas. Hasta que realmente estés involucrado en servir, no vas a saber para qué eres bueno.

Es obvio que Dios ama la variedad – ¡solo mira a tu alrededor! Dios creó a los *introvertidos* y a los *extrovertidos*. El creó a las personas que les encanta la *rutina* y a aquellos que les encanta la *variedad*. El creó a algunas personas *"pensadores"* y a otros *"emocionales."* El te creó a ti como eres, solo busca tu propio lugar, no el equivocado.

> **Preguntas para reflexionar:** ¿Cuál ha sido tu actitud hacia los que son diferentes que tú…desprecio o envidia? ¿Esta lección te ha ayudado a reconocer tanto tu propio valor, como el valor de los demás?

Conclusión

¿Has aceptado, no solo tus habilidades y dones, sino también tus limitaciones? ¿Estás contento con tu lugar en el Cuerpo de Cristo? ¡Es un paso importante para cultivar el gozo en tu vida! En los últimos dos capítulos hemos visto dos motivos por los cuales sentir gozo: ver la grandeza y bondad de Dios, y también ver cómo Dios nos ha hecho muy diferentes, con capacidades, dones y oportunidades que traen satisfacción a la vida. El cristiano que reconoce estas dos verdades: quién es Dios y quién es él en Dios, podrá tener una vida gozosa, venga lo que venga.

Oración sugerida:

"Gracias, Señor, por los dones y habilidades que has puesto en mí, y por mi lugar en el Cuerpo de Cristo. Estoy contento con quien soy y no tengo envidia de los dones de otros. Tú me formaste, Tú me diste el temperamento que tengo. Te serviré con gozo, reconociendo que ¡soy un original, no una copia!"

Capítulo 7
El gozo y el amor asombroso de Dios

Aun si tuvieras todas las riquezas del mundo, no podrías comprar ni una taza de café ¡si no te das cuenta que tienes esas riquezas! Había cierto hombre en el estado de Texas que murió en total pobreza. Sin embargo, hasta el día de su muerte, vivió a unos cuantos metros de ¡uno de los pozos de petróleo – no descubierto - más grande en el mundo! Debido a que en los Estados Unidos, el que descubre petróleo, o lo que sea, en su propiedad, es dueño del mismo, ¡este hombre fue riquísimo pero vivió toda su vida como un pobre miserable!

¡Cuántos de nosotros vivimos como este pobre Tejano, poseyendo increíbles riquezas pero no disfrutando nada de ellas!

I. Otro principio que nos conecta al gozo
Para no vivir como el Tejano, veamos otro principio que nos ayudará a conectarnos al gozo del Señor.

Tercer principio:
¡Hay que saber el valor de ser un hijo de Dios y que El te ama con un amor asombroso!

Habían sido días asombrosos para los setenta discípulos después de que Jesús los había enviado a los pueblos a predicar. Habían visto al Señor obrar a través de ellos de manera que jamás se hubieran imaginado: los cojos caminaban, ciegos veían, enfermos sanaban... ¡y aun los demonios se les sujetaron en el Nombre de Jesús!

Visualicemos a Jesús escuchando su emocionante reporte y seguramente gozándose al ver la emoción de ellos. Pero luego, les dice algo sorprendente: *No os regocijéis de que los espíritus se os sujetan, sino regocijaos de que vuestros nombres están escritos en los cielos.* (Lucas 10:17- 20).

Yo he tenido la dicha de orar por personas atormentadas que han sido libres de demonios y puedo testificar que sí, es causa de gozo. Sin embargo, Jesús nos dice que nuestro mayor motivo de gozo debe ser que nuestros nombres estén escritos en el Cielo.

> **Preguntas para reflexionar:** ¿Estás agradecido de que tu nombre está escrito en el Cielo? ¿Tan agradecido que te regocijas por ello todos los días? Si no, vuelve a meditar en lo que sería tu vida sin El y especialmente en cuál sería tu destino eterno.

II. Su amor asombroso

Al gozarnos en nuestra salvación, nos gozamos también porque El nos ama con un amor asombroso. *"Y que así puedan comprender con todo el pueblo santo cuán ancho, largo, alto y profundo es el amor de Cristo. Pido, pues, que conozcan ese amor, que es mucho más grande que todo cuanto podemos conocer, para que lleguen a colmarse de la plenitud total de Dios"* (Ef. 3: 18-19, Dios Habla Hoy).

Hace tiempo edité un libro pequeño de Jesús Adrián Romero sobre el amor inagotable de Dios. Y ¡cómo me bendijo! Es un mensaje primordial para todos aquellos que aman al Señor pero batallan para creer o percibir que en verdad El les ama a pesar de sus fallas y debilidades.

Quiero repetir aquí algo que viene en el libro de Jesús Adrián porque creo que te va a bendecir. Dice el pastor Mike Bickle: "La gente me pregunta continuamente si de verdad siempre estoy feliz, porque raras veces me ven sin una sonrisa, y les es difícil creer que uno puede estar feliz todo el tiempo. Hasta le preguntan a mi esposa y a mis colaboradores si es cierto que siempre estoy feliz. Y ellos les confirman que sí.

"Lo que les sorprende," dice Bickle, "es cuando les digo 'mi secreto' de la felicidad, aunque realmente no es un secreto. Me encanta compartir con la gente que estoy sobreabundantemente feliz porque sé que Dios me ama, es más, ¡sé que le caigo bien! De hecho, ¡aun sé que soy su favorito!

"Antes de que me juzgues arrogante, permíteme explicar. No soy el único favorito de Dios. Si tú eres su hijo, a través de Jesucristo, tú también eres su favorito. Así que, el 'secreto' de estar feliz todo el tiempo es saber que Dios realmente te ama mucho y ¡que le caes bien!"

¿Tienes tú esta misma seguridad...de que Dios no solo te ama, sino que eres uno de sus "favoritos"?

> **Preguntas para reflexionar:** Si tú tienes esta seguridad pero conoces a alguien que no la tiene, ¿cuál texto bíblico usarías para compartir con él/ella? ¿Conoces de memoria Juan 3:16?

III. El amor de un padre no depende del comportamiento de su hijo

Tristemente, existen algunos padres que dicen a sus hijos: "No te voy a amar si no te portas bien". Sin embargo, la gran mayoría de los padres amamos a nuestros hijos incondicionalmente: cuando obedecen y aun cuando son malcriados.

El gozo que podemos experimentar diariamente es porque sabemos que Dios, nuestro Padre, nos ama incondicionalmente...no porque nunca fallamos, ni "metemos la pata", sino porque somos sus hijos, y en ocasiones aun hijos "malcriados".

Puedo recordar ciertas ocasiones en que me sentí frustrada, enojada y desilusionada con uno de nuestros hijos por su comportamiento, pero nunca pude quedarme enojada por mucho tiempo. Uno sigue amando a sus hijos a pesar de sus fallas.

IV. El abrazo del Padre

¿Te das cuenta cómo impacta la vida de las personas, especialmente a aquellas que no recibían amor en sus familias, al escuchar que Dios les ama? Recientemente, Rafael Márquez, uno de los pastores de Vino Nuevo, visitó la penitenciaría de Cd. Juárez y para su sorpresa, cuatrocientos hombres se juntaron en el patio para escucharle hablar. Después de compartir sobre el amor del Padre, les preguntó si alguien quería un abrazo de parte de Dios.

Rafael cuenta: "La respuesta fue impresionante, pues literalmente abracé cerca de doscientos hombres, antes endurecidos por la maldad, y al abrazarlos la mayoría se quebrantaron temblando en sollozos y lágrimas. Yo mismo fui tan impactado con aquella escena que en momentos rompía en llanto, porque era imposible soportar ver a esos hombres rudos, llorando como niños. La vida de esos hombres fue impactada por el amor de Dios en una manera arrolladora y jamás serán los mismos. ¡Nuestro Dios es maravilloso!"

¿Has sentido tú el abrazo del Padre? Muchas veces El usa a las personas, como usó a Rafael Márquez aquel día en el CERESO de Cd. Juárez, para expresar su amor. Permite a algún padre o madre espiritual abrazarte y recíbelo como de parte de Dios. Tu gozo será aumentado.

> **Pregunta para reflexionar:** ¿En alguna ocasión has permitido al Señor usarte para dar un abrazo a alguien que necesitaba sentir el amor del Padre?

Conclusión
David dijo: *"De mañana sácianos de tu misericordia, y cantaremos y nos alegraremos todos nuestros días"* Sal. 90:14. Una versión dice "tu amor eterno" en vez de misericordia. Así que este texto dice: Sáciame de tu gran amor, permíteme ser sumergida en el conocimiento de cuánto me amas, para que cante y me alegre todos mis días. Es decir, cuando somos sumergidos en su amor, entonces podremos cantar y alegrarnos todos los días.

Oración sugerida:
"Señor, ahora entiendo que el 'secreto' de estar feliz todo el tiempo es saber que Tú realmente me amas. Y no solo esto: ¡saber que te caigo bien! Gracias porque mi nombre está escrito en el Cielo y ¡no hay nada que se compare con esto! No voy a permitir al enemigo seguir robándome del gozo de mi salvación".

Capítulo 8
Ladrón #4: La culpabilidad

Israel abandonó a su esposa e hijos para vivir con una mujer mucho más joven. No obstante, al pasar los meses, su conciencia no le dejaba en paz, pues, el Espíritu Santo le hizo sentir terriblemente culpable. Finalmente, dejó a "la amante", pidió perdón a su esposa e hijos, quienes le perdonaron y le recibieron en casa otra vez.

Cuando Oralia se dio cuenta que estaba esperando su cuarto bebé, intentó abortar, puesto que su situación matrimonial y económica se estaban tambaleando. La criatura nació pero por 20 años Oralia ha vivido atormentada por la culpabilidad a pesar de que se ha arrepentido, ha pedido perdón a Dios muchas veces y ama a su hija. Ella batalla para creer que Dios le ha perdonado.

Alguien escribió: "Existen centros de diversión, centros de deporte, centros para los de la tercera edad, centros juveniles…y centros de culpabilidad. Estos últimos, por lo general, se llaman 'iglesias'. El enfoque de muchas iglesias es continuamente sobre el pecado y la maldad, hasta que los miembros sufren de culpabilidad crónica".

Es cierto que tenemos que hablar del pecado, ¡pero eso no es toda la historia!

I. La culpabilidad: un factor positivo y negativo
Otra estrategia de Satanás para robarnos el gozo es la culpabilidad. Antes de mencionar el papel de Satanás, Dios usa la culpabilidad para llevar al pecador a Cristo, puesto que todos somos culpables de pecado. *"Por cuanto todos pecaron y están destituidos de la gloria de Dios"* (Rom. 3:23). Luego leemos: *"Porque la paga del pecado es muerte, mas la dádiva de Dios es vida eterna en Cristo Jesús"* (Rom. 6:23). El único remedio para la culpabilidad es confesar nuestros pecados y recibir el perdón de Dios a través de Jesucristo.

Una vez que hemos confesado nuestros pecados y recibido perdón a través de la sangre de Jesús, debemos vivir libres de la condenación. *"No hay ninguna condenación para los que están en Cristo Jesús"* (Rom. 8:1). Sin embargo, aun para el cristiano, la culpabilidad puede ser un factor positivo porque es la forma en que Dios nos alerta, diciendo: ¡Cuidado! ¡Algo anda mal! Esto es lo que sucedió con Israel. La culpabilidad fue un factor positivo que le llevó a abandonar su pecado. El Espíritu Santo usó el sentir de culpa para bien.

Si tú no tienes paz, debes examinar tu vida para ver si existe una mala actitud o algún pecado del cual no te has arrepentido.

II. El acusador

No obstante, la Biblia dice que Satanás es el acusador de los hermanos. (Apoc. 12:10). El usa nuestra conciencia para acusarnos y para hacernos recordar algún pecado del pasado. Esto fue el caso de Oralia; el sentir de culpa por un error del pasado le estaba destruyendo.

También Satanás nos acusa de algo que no fue nuestra culpa, o de situaciones fuera de nuestro control, posiblemente a través de la gente nos hace sentir culpables.

Las personas sufren de culpabilidad después de un divorcio, por casarse con alguien que no es cristiano, por una mala decisión que tomaron, los padres sufren culpabilidad cuando un hijo anda en rebelión contra Dios o por el suicido de un hijo. También existen mujeres que se sienten culpables por un aborto, o intento del mismo.

> **Para reflexionar:** Si tú abortaste o pensaste seriamente en hacerlo, confiesa tu pecado en este momento. No vivas atormentada. (Posiblemente, habrá un espíritu de rechazo en este hijo/a, por lo cual tendrás que orar por él/ella.)

Perdemos el gozo cuando pecamos

¿Qué sucede cuando pecamos después de ser salvos? Perdemos nuestro gozo y paz, puesto que la comunión con el Señor está rota. Pero si nos arrepentimos de todo corazón, confesando el pecado, tenemos la promesa: *"Si confesamos nuestros pecados, él es fiel y justo para perdonar nuestros pecados y limpiarnos de toda maldad"* (I Jn. 1:9).

Escucha bien: Puede ser que sí, tuviste parte de la culpa por los problemas actuales en tu vida. Sin embargo, no puedes seguir cargando con esta culpa. ¿Recuerdas la historia de Aarón, el hermano de Moisés, y cómo fue culpable de hacer el becerro de oro, donde el pueblo entero se arrodilló y adoró? Fue un pecado terrible; no obstante, cuando Aarón se arrepintió de todo corazón, fue perdonado ¡y llegó a ser el primer sumo sacerdote!

Si estás cargando con la culpabilidad, confiesa tus pecados (o tu parte en los problemas), luego cree que el Señor te perdona y ¡perdónate a ti mismo!

En Apocalipsis 12, donde dice que Satanás es el acusador de los hermanos, continúa diciendo que le vencieron por medio de la sangre del Cordero y por la palabra de su testimonio (v. 11). Es decir, debemos confesar con nuestra boca lo que la sangre hace por nosotros. "Tengo perdón de mis pecados por la sangre de Jesús, por lo tanto, ninguna condenación hay para mí porque estoy en Cristo" (Ef. 1:7; Rom. 8:1).

Como se mencionó en otro capítulo, el legalismo trae culpabilidad. También el compararnos con otros. Al escuchar las historias de personas con un gran don para el evangelismo, nos sentimos menos o culpables porque nuestras experiencias en el evangelismo no han llevado fruto, por lo menos aparentemente. Al compararnos, se nos quita el gozo.

Conclusión
Juanito de siete años, desobedeció a su madre y su conciencia empezó a inquietarle. Lleno de culpabilidad decidió esconderse en su recámara, pero en el camino, su madre le vió y le preguntó: "Juanito ¿a dónde vas?" "A mi cuarto para hablar con Dios," respondió el niño. "¿Hay algo que no puedes decirme a mí?"

Juanito explicó: "Sí, porque si te digo a ti, tú me castigarás, pero si lo digo a Dios, El me perdonará y ¡se olvidará del asunto!"

Posiblemente este niño no entendió todo el asunto, porque a veces el pecado o el error, sí lleva consecuencias; sin embargo, el niño entendió bien que una vez que confesamos sinceramente nuestros pecados, Dios los perdona y luego ¡se olvida del asunto! No permitas ni a Satanás, ni a otras personas, acusarte por los pecados que has confesado y que están bajo la sangre de Jesús. Si ya aceptaste a Cristo como tu Salvador, la Biblia dice que tus pecados han sido echados a lo más profundo del mar (Miq. 7:19). Y hay un aviso junto a este mar que dice: ¡No se permite pescar! No vuelvas a recordarlos.

> **Pregunta para reflexionar:** ¿Has tenido un encuentro personal con Cristo, confesando tus pecados y recibiendo su perdón? Si nunca lo has hecho, lo puedes hacer ahora mismo.
>
> *"Señor, sé que he pecado y necesito tu perdón. Reconozco que tu Hijo, Jesucristo es el único camino al cielo, y en este momento, yo acepto el sacrificio de El en la cruz y el perdón que compró para mí con su sangre. Renuncio a mi vida pasada y acepto a Jesús como mi único Señor. Gracias por oírme y por hacerme tu hijo(a)".*

Oración sugerida:
"Gracias, Padre, por la sangre de tu Hijo que me ha limpiado y perdonado. Rehúso escuchar las acusaciones del enemigo y los agentes humanos que él usa para recordarme de mis fallas, sea mi madre, mi cónyuge, mi suegra, mis hijos o quien sea. ¡La misericordia de Dios es más grande que todos mis errores! Ahora, pues, ¡ninguna condenación hay para mí, porque estoy en Cristo!"

Capítulo 9
El estar contentos es algo que podemos aprender

¿Te has fijado que algunas personas, incluyendo cristianos, parecen que fueron bautizados en vinagre, puesto que siempre están de mal humor? Cuentan la historia de dos hombres que fueron al aeropuerto para recoger a un ministro visitante que venía para predicar en su iglesia el fin de semana, pero como nunca le habían visto antes, no sabían cómo era físicamente. Se acercaron a un hombre que había bajado del mismo vuelo y le preguntaron si él era el ministro. El contestó: "No, ¡es mi úlcera que me hace parecer así - tan malencarado!"

¡Que tragedia que mucha gente tiene la opinión de que los cristianos son aquellas personas con cara larga y que no saben gozarse de la vida! Para que la gente no tenga esta opinión de ti o de mí, veamos otro principio para ayudarnos a desarrollar el gozo y ¡disfrutar donde estamos mientras caminamos a donde vamos!

I. Otro principio para conectarnos al gozo

Cuarto principio:
   El estar contento es un hábito que podemos cultivar.

Alguien dijo: "¡Puedo quejarme porque los rosales tienen espinas, o puedo regocijarme de que el arbusto de espinas tiene rosas!" El ser una persona contenta, agradecida y que se regocija en el Señor es un hábito que tenemos que cultivar, aun en medio de situaciones no ideales.

Pablo dijo: *"He aprendido a contentarme cualquiera que sea mi situación"* (Fil. 4:11). Fíjate en las palabras "he aprendido". Si Pablo lo aprendió, tú y yo también lo podemos aprender. Muchos de nosotros tenemos el hábito de quejarnos y de ver lo que no tenemos, como la abuelita que llevó a su nieto de seis años a la playa. El estaba jugando en la arena, feliz de la vida, cuando de repente, vino una ola grande y se lo llevó a alta mar. ¡Desapareció! Entonces, la abuelita, desesperada, se arrodilló y clamó: "Oh, Dios, sálvale, salva a mi nieto". Al poco rato, vino otra ola, trayendo al niño vivo. Ella le cogió en sus brazos, le vio de pies a cabeza y exclamó: "Pero Dios, ¿dónde quedó la cachucha que él llevaba puesta?"

Lo bueno es que podemos cambiar. Lo que es más ¡nos urge cambiar!

II. Lo que dice Dios

Las Escrituras hablan ampliamente sobre la necesidad de ser agradecidos.

Es la única manera de entrar a la presencia de Dios: *"Entrad por su puertas con acción de gracias..."* Sal. 100:4.

Una de las razones por la cual Dios entregó a su pueblo a la inmundicia fue: *"...ni le dieron gracias..."* Rom. 1:21.

"Y sed agradecidos" Col. 3:15.

"Dad gracias en todo, porque esta es la voluntad de Dios para con vosotros en Cristo Jesús" I Tes. 5:18.

Nota que nos dice que demos gracias **en** todas las circunstancias, no **por** todas las circunstancias. Dios no espera que le agradezcas por el mal, el pecado, la enfermedad, el sufrimiento. Sin embargo, podemos dar gracias **en** todo, sabiendo que El usará hasta los problemas, la enfermedad y el dolor para hacernos crecer y madurar. Hay otra Escritura que confirma esta verdad:

"Regocijaos en el Señor siempre, otra vez digo: ¡regocijaos!" Fil. 4:4.

Fíjate que *No* dice "regocijaos en el dolor o en tus circunstancias". Eso sería masoquismo. El mandamiento de Dios es: ¡regocijarnos en el Señor! No importa qué problemas estás pasando, puedes regocijarte al saber que Dios está contigo en medio del dolor.

III. "Gratitud"

Si despiertas por la mañana con más salud que enfermedad, estás más bendecido que los millones que no sobrevivirán esta semana.

Si nunca has experimentado el peligro del combate, la soledad del encarcelamiento, la agonía de la tortura o la angustia del hambre, tú aventajas a 20 millones de personas alrededor del mundo.

Si asistes a la iglesia sin temor de ser arrestado, torturado o asesinado, eres más bendecido que cerca de tres mil millones de gentes en el mundo.

Si tienes comida en tu refrigerador, ropa para cubrirte, un techo sobre tu cabeza y un lugar para dormir, eres más rico que el 75% del mundo.

Si puedes abrazar a alguien, o aun tocar su hombro, eres bendecido porque puedes ofrecer el toque sanador de Dios.

Si puedes leer estos mensajes, eres más bendecido que dos mil millones de personas en el mundo que no pueden leer absolutamente nada.

¡Eres bendecido de una manera que quizás nunca antes habías reconocido!

Expresa gratitud a la gente

No solo debemos expresar gratitud a Dios, también debemos cultivar el hábito de ser generosos con nuestras palabras de gratitud a los de nuestro derredor. Busca oportunidades de escribir notitas de gratitud: a tu cónyuge, tus padres, tus hijos, líderes espirituales, maestros en la escuela. Desde hace años, tengo el hábito de regalar tarjetas de felicitación a mis hijos, nietos o esposo por algún logro en sus vidas. Probablemente, me trae a mí más gozo dárselas que a ellos recibirlas.

Conclusión

Después de leer el escrito sobre "Gratitud", probablemente la mayoría de nosotros reconocemos que somos grandemente bendecidos y necesitamos arrepentirnos por no vivir agradecidos. Busca a alguien (o a varias personas) a quien puedas expresar gratitud hoy día. A la vez, sé generoso en expresar gratitud a Dios. Al hacerlo, no solo glorifica al Padre, sino que también te traerá gozo profundo a ti.

¿Qué es lo opuesto a la gratitud? En el siguiente capítulo veremos otra estrategia que usa el enemigo para robarnos.

Oración sugerida:
"Padre, tengo tanto por lo cual darte gracias. Primeramente, porque mi nombre está escrito en el Libro de la Vida en el Cielo. Gracias porque me has amado con un amor incondicional y porque tienes un plan maravilloso para mi vida. El enemigo no puede robarme el gozo, puesto que las armas que me has dado son poderosas en Dios para la destrucción de fortalezas. Gracias porque Tú me estás enseñando a contentarme cualquiera que sea mi situación".

Capítulo 10
Ladrón #5: El pesimismo, el negativismo

Había dos granjeros. Uno era pesimista y el otro optimista. Cuando había sol, este último decía: "Qué lindo brilla el sol", pero el otro respondía: "Sí, pero va a quemar las plantas". Cuando llovía, el optimista decía: "¡Qué bueno que llovió!" y el pesimista: "Sí, pero tal vez provoque una inundación".

Un día, el optimista le dijo al pesimista: "¿Has visto a mi nuevo perro de caza? Es de lo mejor que hay. ¿Por qué no me acompañas a cazar mañana?"

Al día siguiente lograron matar a varios patos que cayeron en el lago. El optimista ordenó al perro que fuera a traerlos y éste obedeció de inmediato. Pero en lugar de nadar, el perro *anduvo* sobre el agua, recogió los patos y regresó a su amo. Muy contento, el optimista se volvió a su amigo pesimista pensando que lo había impresionado; pero éste, sin titubear, dijo: "Mmm..no sabe nadar, ¿verdad?"

I. Una lucha que podemos ganar

Aunque hay pocas personas que nacieron siendo optimistas, y otras que tuvieron la bendición de nacer en una familia donde les enseñaron desde niños a esperar lo mejor en Dios, la mayoría de nosotros tenemos la tendencia de ver el lado negativo. Desde niños escuchamos frases como: "No se puede"; "No nos alcanza"; "No podemos hacer nada". ¿La razón? Somos una raza caída y llevamos las huellas del pecado.

Pero recuerda lo que aprendimos en el capítulo 2: el regocijarnos en el Señor no es una vida natural, sino sobrenatural, por lo cual tenemos que luchar diariamente en contra de nuestra naturaleza carnal. Y podemos ganar esta batalla porque el potencial ya está dentro de nosotros si hemos nacido de nuevo. Sin embargo, para ganar la batalla, tenemos que saber lo que dice la Palabra de Dios al respecto.

> **Preguntas para reflexionar:** ¿Te consideras más un pesimista u optimista? Si tu respuesta es optimista, ¿cuáles factores contribuyen a ello?

II. Lo que dice Dios

¿Qué dirías…que la murmuración es un pecado grave o simplemente una debilidad humana? Al leer I de Corintios 10: 5-10, me impresiona cuáles fueron los cuatro pecados que Pablo menciona, por lo cual casi dos millones de israelitas perecieron en el desierto bajo el liderazgo de Moisés: ¡la codicia, la idolatría, el pecado sexual y la murmuración! ¿La murmuración? Entonces no es solamente una debilidad humana, ¡sino un pecado grave!

"Haced todo sin murmuraciones y contiendas" Fil. 2:14.

"Más vale vivir en el borde de la azotea, que en una amplia mansión con una mujer pendenciera" (Prov. 25:24 Dios Habla Hoy).

Aunque parece que las mujeres tienen mayor problema que los hombres en ser contenciosas, puesto que Proverbios menciona en cuatro lugares diferentes a la mujer contenciosa, también existen hombres que son contenciosos. Cierta mujer estaba casada con uno de estos hombres muy difíciles y cada vez que ella trataba de agradarle, él se quejaba de algo. Y a la hora del desayuno era lo peor. Si ella le preparaba huevos revueltos, él los quería estrellados. Si ella le preparaba huevos estrellados, los quería revueltos. Una mañana ella tuvo una magnífica idea: le preparó dos huevos, uno revuelto y el otro estrellado. Luego puso el plato delante de él, esperando que finalmente él estuviera feliz. Pero no fue así. Viendo con cara de gruñón al plato de huevos, le gritó: "Mujer, ¿no puedes hacer nada bien? ¡Revolviste el huevo equivocado!"

Sin embargo, lo importante es que ¡podemos cambiar! La vida de Jesús dentro de nosotros nos da la capacidad de vencer el negativismo y cultivar el hábito de expresar gratitud.

III. El poder de nuestra actitud

La actitud con la cual enfrentamos la vida determina la clase de persona que somos. Como dice el conocido autor John Maxwell: "Nuestra actitud determina nuestra altura", es decir, lo que alcanzamos en la vida. Maxwell también dice: "O somos dueños o víctimas de nuestras actitudes. No es nuestra habilidad, ni conocimiento, sino nuestra actitud lo que determina qué tan alto volamos".

Tu actitud es más importante que tu pasado, tu educación, tu dinero, tus circunstancias, tu apariencia o tus dones. Lo extraordinario es que podemos elegir la actitud que tendremos cada día. Como alguien dijo: "La vida es 10% lo que me sucede y 90% cómo reacciono a lo que me sucede".

Una cosa admirable de la gente optimista es su habilidad de ver los problemas como desafíos. ¡Su optimismo torna los obstáculos del camino en puentes! Un optimista dijo: "Puede ser que mi vaso esté medio vacío, en vez de medio lleno, pero habrá menos que limpiar cuando se tire".

Algunos viven diciendo: Si tan solo pudiera casarme. Otros dicen: Si tan solo no estuviera casado – por lo menos con esta persona…Si tan solo tuviera más dinero… Si solo tuviera otra casa… Si solo pudiera vivir en otra ciudad… Si tan solo tuviera otro trabajo…

> **Preguntas para reflexionar:** ¿Eres una persona que se acostumbra a decir: "Estaría feliz si tan solo…."? ¿Has tenido que vivir o trabajar con alguien con una actitud negativa? ¿Cómo te afectó?

IV. Una buena actitud puede mejorar tu salud

Una actitud positiva te traerá éxito y te permitirá disfrutar más de la vida. La ciencia médica indica que el estrés crónico, el enojo y la tristeza son causas principales de muchas enfermedades, aun la muerte.

Un artículo dice: "Los científicos sospechan que actitudes como el optimismo, no solo hacen que la vida valga la pena vivirla, sino hasta hacen que la vida dure más. El reírse es bueno para el cuerpo y ayuda a contrarrestar el estrés. El buen ánimo hace que el cuerpo produzca una sustancia química que lucha contra las enfermedades. Se ha comprobado que las personas pasivas y deprimidas tienen mucha más tendencia a morir de cáncer que las personas luchadoras y alegres. La gente gozosa vive más años que la gente triste y amargada".

"El corazón alegre constituye buen remedio, mas el espíritu triste seca los huesos" (Prov. 17:22). En inglés este texto dice que el corazón alegre "constituye buena medicina". Un profesor de la Universidad de Stanford en los Estados Unidos escribió: "El reírse es saludable, porque ayuda al sistema respiratorio, ya que cuando nos reímos nuestros pulmones reciben más aire fresco y expulsan aire impuro. Además, las palpitaciones del corazón aumentan cuando uno se ríe, y se relajan después. Tal estímulo y relajamiento del corazón es benéfico. La risa tiende a relajar todos los músculos y por lo tanto, algunos dolores se aligeran".

El famoso especialista, el Dr. Israel Bram, de Philadelphia, tiene un cuadro colgado en la pared de su consultorio que dice, "Las fuerzas más poderosas para relajarse y disfrutar la salud son: una buena vida espiritual, sueño, música y risa. Tenga fe en Dios...aprenda a dormir bien...disfrute buena música...tenga un buen sentido del humor. Si vive así, tendrá salud y felicidad".

Se ha comprobado que el reírse es como tener ejercicio interior para los órganos del cuerpo. En algunas clínicas están experimentando con lo que llaman "terapia de la risa". Utilizan videos de humor, comediantes, payasos, etc. con pacientes de cáncer y otras enfermedades, con el fin de lograr que el paciente se ría.

V. "Ayunar" de la crítica

Catherine Marshall, una autora conocida, siempre fue una mujer piadosa que amaba a Dios. No obstante, un día sintió que Dios le dijo que por un día "ayunara" de la crítica. Catherine comenta: "Después del mediodía, me sentí vacía, especialmente a la hora de la comida. Yo solo escuché a los demás hablar y no decía nada. Parecía que nadie se fijaba en mi silencio. Parecía que a la familia no les hacían falta mis comentarios negativos sobre el gobierno, el sistema educativo y la Iglesia tradicional. Sin embargo, no quedé convencida de lo que estaba logrando mi 'ayuno' de crítica…hasta en la tarde.

"Fue entonces cuando me fijé en algo diferente dentro de mí: un gozo profundo. Ideas creativas empezaron a fluir de manera que no había experimentado en años. El Señor quería que yo viera que mi tendencia de ser negativa y de criticar, no había solucionado ni siquiera un solo problema. ¡Pero sí había sofocado mi propia creatividad!"

Conclusión

Pablo escribió: *"Todo lo que es verdadero, todo lo honesto, todo lo justo, todo lo puro, todo lo amable, todo lo que es de buen nombre; si hay virtud alguna, si algo digno de alabanza, en esto pensad"* (Fil. 4:8). ¿Por qué no hacer el "experimento" que hizo Catherine Marshall y "ayunar" por lo menos un día de toda crítica, murmuraciones y negativismo? En su lugar, ¡sé espléndido con tus palabras de gratitud – primeramente a Dios, pero además a toda la gente en tu derredor! No solo harás tu propia vida más feliz, sino también la de otros.

Oración sugerida:

"Padre, he decidido no permitir al enemigo robarme el gozo por medio de la murmuración y contiendas. Yo rompo el patrón de ser negativo y de quejarme. Con tu ayuda, voy a disfrutar donde estoy en este momento, mientras camino a donde voy. Gracias por ayudarme a disciplinar mi mente para pensar en lo puro, lo honesto, lo amable y lo que es digno de alabanza. ¡Tu gozo es parte de mi herencia!"

Capítulo 11
Pasa tiempo con gente de fe que te inspire

Un dependiente en una maderería vendió a un campesino un serrucho eléctrico, garantizado para cortar 50 árboles en un solo día. Una semana después, el campesino, muy disgustado, volvió a la tienda, quejándose de que el serrucho estaba defectuoso – porque solo podía cortar tres árboles en un día. El dependiente agarró el serrucho, jaló el cordón y de pronto el serrucho hizo "Bzzzzzz". El campesino, asustado, preguntó: "¿Qué es este ruido?"

Es verdad que nuestra ignorancia nos puede robar de muchas cosas en la vida. Para que no nos robe el gozo, hay otro paso que debemos tomar.

I. Otro principio en el camino hacia el gozo
¿Qué más podemos hacer para cultivar un estilo de vida donde disfrutamos donde estamos, mientras caminamos a donde vamos?

Quinto principio:
  Pasa tiempo con gente de fe que te inspire

"Dime con quién andas y te diré quién eres" es un dicho que contiene mucha verdad bíblica. Si queremos ser personas de fe, personas con una actitud positiva, es importante recibir inspiración de gente de fe que nos inspire y nos motive a creer. Básicamente hay dos maneras de hacer esto: tener amistades que fortalecen nuestra fe y también leer sobre la vida de personas valientes que nos inspiren.

Para empezar, notemos algo interesante en el capítulo 11 del libro de Hebreos. Al leer cuidadosamente, vemos que después de este capítulo, lleno de las historias de hombres y mujeres de fe, el primer versículo del siguiente capítulo (12:1) implica que al escuchar de la fe de ellos, nosotros nos despojaremos de todo peso y pecado que nos asedia. Es decir, al oír de los héroes de la fe, de su valentía y sus proezas para Dios, ¡recibimos inspiración para vencer el pecado!

II. Leer sobre héroes modernos y del pasado

Además de leer de los héroes de la fe en la Biblia, otra manera excelente de edificar nuestra fe es leer buenos libros sobre héroes modernos o de siglos pasados. Una librería cristiana debe tener libros acerca de grandes hombres como Martín Lutero, Juan Wesley, Jonathán Edwards, Charles Spurgeon y otras personas que Dios usó para traer avivamiento en su día y cambiar la historia. Sus vidas son una inspiración.

Hace más de 40 años, mi esposo y yo leímos la autobiografía de Hudson Taylor, misionero en China, y de Jorge Mueller, quien sostenía a miles de huérfanos en Inglaterra sin ninguna fuente segura de ingresos. Mueller no publicaba sus necesidades a la gente, solo a Dios. Estos libros nos desafiaron a ser radicales en nuestra fe y creer lo "imposible". Sin exagerar, ¡estos libros cambiaron nuestras vidas!

En el año 1956, cinco jóvenes brillantes fueron a la selva de Ecuador para tratar de alcanzar una tribu de caníbales que jamás habían sido evangelizados. Después de dejar a sus esposas e hijos en cierto pueblo cercano, estos cinco misioneros entraron en el territorio de los Auca…y pocas horas después fueron asesinados por los mismos a los que habían ido a evangelizar.

Lo que hace su historia diferente de muchos otros mártires, es que la viuda de uno, Elizabeth Elliott, escribió dos libros sobre la vida de estos hombres valientes (el más conocido se llama *Portales de Esplendor*) y a través de estos libros, literalmente cientos de miles de jóvenes fueron inspirados a entregar sus vidas para llevar el evangelio al mundo.

Preguntas para reflexionar: ¿Habías escuchado del libro de Elizabeth Elliott, *Portales de Esplendor*? ¿Buscas buenos libros para ti y para tus hijos? ¿Sabías que una de las mejores maneras de enseñar a los hijos a tener un amor por la lectura es leerles libros interesantes en voz alta?

III. Nos necesitamos los unos a los otros

Varias veces el autor de Hebreos dice que debemos estimularnos los unos a los otros a las buenas obras. También dice: *"antes exhortaos* (estimular) *los unos a los otros cada día"* (Heb. 3:13). ¿Cómo podemos hacer esto si nos aislamos y somos un "llanero solitario" o si la gente con la cual pasamos nuestro tiempo es gente negativa, conformista y mediocre?

"El que anda con sabios, sabio será" (Prov. 13:20).

> **Preguntas para reflexionar:** ¿Tienes por lo menos una persona en tu vida que te da consejos sabios y que te inspira? ¿Pasas tiempo con gente que continuamente critica a otros? ¿Con los que se quejan de todo? ¿Has notado que este espíritu es contagioso?

Si vives en una ciudad como Cd. Juárez, la Ciudad de México o muchas otras, vas a escuchar noticias de violencia. Como buenos ciudadanos, nos interesan las noticias de nuestra ciudad, ya sea leyendo el periódico o viendo la televisión. Aunque no debemos ignorar lo que sucede en nuestro derredor, a la vez debemos reconocer que juntamente con las malas noticias, Dios también está obrando. Debemos informarnos de las buenas noticias entre el pueblo de Dios.

> **Preguntas para reflexionar:** ¿Has observado algo bueno sucediendo en tu ciudad? Compártelo. ¿Oras por el cuerpo policiaco, por las escuelas, por el cabildo, por los negocios y además por las iglesias?

IV. Amigos que nos fortalecen

La mayoría conocemos la historia de cómo David tuvo que huir del Rey Saúl, quien, por sus celos, tramaba matarle. ¡Imagínate cómo se sentiría David! No solo peligraba su vida, sino que aquél a quien había servido con tanta lealtad, que hasta en ocasiones llamó "padre", era quien lo buscaba.

Ha de haber estado triste, confundido, temeroso y aun dudando de la profecía de Samuel de que él sería el próximo rey. Pero entonces lo encuentra su amigo Jonatán (interesantemente el hijo del Rey Saúl).

"Entonces se levantó Jonatán, hijo de Saul, y vino a David, y fortaleció su mano en Dios" (I Sam. 23:16). ¿Cómo lo fortaleció? Primero, demostró lo profundo de su amistad, al arriesgarse y darse el trabajo de ir a buscarlo. Segundo, le dio palabras que le ayudaron a recobrar ánimo, creyendo otra vez en el propósito y la protección de Dios. ¡Todos necesitamos esta clase de amigos en tiempos de crisis!

Conclusión

Si no has cultivado un amor por la lectura, no es demasiado tarde para empezar. Leyendo de los héroes de la fe en la Biblia y también de los tiempos modernos, te inspirará y serás una persona de mayor fe y gozo. A la vez, cultiva amistades que puedan ayudarte en los momentos de crisis, recordando lo que dice Proverbios: *"El hombre que tiene amigos ha de mostrarse amigo..."* (18:24).

Oración sugerida:

"Padre, ayúdame a encontrar amistades que me inspiren y que fortalezcan mi fe, sabiendo que yo tengo que ser esta clase de amigo también. Permíteme ser un "Jonatán" para alguien hoy – o esta semana – alguien que esté desanimado y que yo pueda levantar sus brazos. Gracias, Señor, porque el gozo tuyo es mi fortaleza, según Nehemías 8:10".

Capítulo 12
Ladrón #6: Temor

"¿Cómo le va con su algodón?" preguntó un visitante al agricultor. "No planté algodón. Tengo temor al gusano picudo".
"¿Y cómo salieron las papas?" "No planté papas. Tengo temor a la plaga".
"¿Pues qué plantó?" "No planté nada, ¡para no correr riesgos!"

I. El temor y sus consecuencias

El temor es otro instrumento que utiliza el enemigo para robarnos el gozo. Se puede definir el temor como la expectación de que algo malo va a suceder. Puede estar basado en algo real o algo imaginario. Algunos temores son obvios y otros escondidos, pero todos nos paralizan y nos quitan el gozo.
Hay temores:
  De volar o viajar solo,
  A morir,
  A quedarse sin pareja,
  A nunca casarse,
  De perder el trabajo,
  A la bancarrota,
  Del cáncer u otra enfermedad,
  A lo que pudiera suceder con los hijos,
  Al fracaso.

Muchos fuimos programados a temer y tenemos que romper ese patrón. Por ejemplo, en muchas familias se escuchaban frases como: "Temo que ese dolor de estómago sea cáncer", o si alguien tenía un dolor en las manos: "Probablemente voy a tener artritis como mi tía Tencha". Si el marido llegaba poco tarde, escuchábamos: "Probablemente tuvo un accidente – o se fue con la secretaria".

> **Preguntas para reflexionar:** ¿Cuáles son algunos temores reales que tú o un ser amado han enfrentado? ¿Has tenido que romper patrones aprendidos?

Algunas consecuencias del temor
1.) Evita que llevemos fruto
"El temor del hombre pondrá lazo" Prov. 29:25.

Satanás utiliza el temor para evitar que testifiquemos, que compartamos nuestra fe. Por temor, nos encerramos en nuestro propio mundo en vez de relacionarnos con otras personas. Es interesante notar que el siervo infiel que se menciona en Mateo 25 no llevaba fruto porque "tenía miedo" (v. 25).

2.) Abre la puerta al enemigo
Proverbios 10:24 dice: *Lo que el impío teme, eso le vendrá; pero a los justos les será dado lo que desean.* Y Job, después de su gran desastre, dijo: *Porque el temor que me espantaba me ha venido, y me ha acontecido lo que temía* (Job. 3:25).

> **Pregunta para reflexionar:** ¿Te impresiona que el mismo temor puede abrir la puerta para que te suceda lo que temes?

3.) Muchos no entrarán al cielo por el temor
"...mas a los temerosos e incrédulos, a los abominables y homicidas, a los fornicarios, y hechiceros y a los idólatras, y a todos los mentirosos, su parte será en el lago ardiendo con fuego y azufre, que es la muerte segunda" (Apoc. 21: 8). ¿Notaste que los temerosos están en la misma lista con los hechiceros y los idólatras? Seguramente, no está hablando de los que tienen miedo a resfriarse o temor a una enfermedad, sino que se refiere a los que son tan controlados por el temor del hombre, tan cobardes, que no toman el paso de fe para seguir a Cristo – por temor al "qué dirán".

> **Pregunta para reflexionar:** ¿Cuánta gente conoces tú que están convencidos de la verdad del evangelio pero no deciden seguir a Cristo precisamente por el temor al "qué dirán"?

II. Cómo vencer el temor
1.) El temor de Dios
"El temor del Señor es para vida, y con él vivirá lleno de reposo el hombre" (Prov. 19:23). *"En el temor del Señor está la fuerte confianza"* (Prov. 14:26).

Cuando tu vida está gobernada por el temor (reverencia) de Dios, te será más importante no ofenderlo a El y menos importante el "qué dirán" de la gente.

La palabra "bienaventurado" en el hebreo es ASHRE que quiere decir, "muy feliz". Salomón escribió, *"Bienaventurado (muy feliz) el hombre que siempre teme a Dios"* (Prov. 28:14).

El que está controlado por el temor de Dios no será controlado por el temor del hombre, ni el temor a las enfermedades, ni el temor al futuro. Su confianza está en un Dios que es su Padre amoroso y quien ha dicho, *"No te desampararé, ni te dejaré"* (Heb.13:5).

2.) El amar y conocer mejor a Dios
"En el amor no hay temor, sino que el perfecto amor echa fuera el temor" (I Jn. 4:18).
"Mas el que me oyere habitará confiadamente y vivirá tranquilo; sin temor del mal" (Prov. 1:33).

Aparte del temor sano de Dios, venceremos nuestros temores al conocer mejor la naturaleza de Dios y cuánto El nos ama (repasa Lección #7 si se te ha olvidado). Podremos confiar en su cuidado para con nosotros. El no siempre calma las tormentas de la vida; a veces ¡El nos calma a nosotros en medio de la tormenta! Muchas veces le oímos decir: "Bástate mi gracia".

III. La fe es lo opuesto al temor
La mejor manera de aumentar nuestra fe es saturarnos con la Palabra de Dios. Por ejemplo:
"Jehová es mi pastor…no temeré mal alguno, porque tú estarás conmigo" (Sal. 23: 1, 4).
"Tú guardarás en completa paz a aquel cuyo pensamiento en ti persevera;

porque en ti ha confiado" (Is. 26:3).
"Dios no nos ha dado un espíritu de temor, sino de poder, amor y dominio propio" (2 Tim. 1:7).

Declara estas verdades, haciéndolo personal: "Yo no temeré mal alguno porque Jehová es mi pastor. Estoy guardado en perfecta paz porque mi pensamiento persevera en El, y Dios no me ha dado un espíritu de temor, sino de poder, amor y dominio propio".

Conclusión
Las Escrituras dicen 365 veces "no temas" o "no temáis". Hace años mi esposo Victor hacía programas de radio y siempre iniciaba con estas palabras: "¡Algo bueno le va a suceder a usted ahora!" Para los que conocemos a Dios personalmente, (no solo sabemos DE él), podemos esperar su favor y sus misericordias cada día. Recuerda: *"si Dios está conmigo, ¿quién contra mí?"*. ¡Tú puedes vencer tus temores!

Oración Sugerida:
"Señor, declaro que no voy a abrir la puerta al enemigo a través del temor, *porque no me has dado espíritu de temor, sino de poder, amor y domino propio*. A la vez, te doy gracias, Padre, porque has prometido que si yo oyere tu palabra, *habitaré confiadamente y viviré tranquilo, sin temor del mal*. Yo rompo todo patrón de temor que haya aprendido de otros y me declaro libre".

Capítulo 13
El cuidado del cuerpo y los sentimientos

Se cuenta la historia de cierta señora cristiana que estaba teniendo un "mal día". Tenía que llegar a un compromiso y el tráfico estaba muy lento. ¡Tal parecía que los otros carros eran manejados por choferes irresponsables con muchos menos quehaceres que ella! Entretejía su automóvil entre los carros de los varios carriles de la autopista, pitando, gritando o haciendo malas caras a los conductores, para que se dieran cuenta de su disgusto. Pero el colmo fue cuando quedó atrapada detrás de un carro que iba a 10 kilómetros menos de la velocidad permitida. Además de pitar incesantemente, se acercó tanto al otro carro para intimidarlo, que las defensas casi estaban pegadas, durante todo ese tiempo, haciendo ademanes que no solo podía ver el chofer de enfrente a través de su retrovisor, sino todos los demás conductores.

Y luego... ¡lo inconcebible! Sirenas de dos patrullas comenzaron a sonar.... y una de las patrullas adelantó el paso, para bloquearla. Molesta y confundida, se detuvo. Los oficiales inmediatamente la flanquearon, cuidándola como si ella estuviera a punto de escaparse. "¿Qué les pasa? ¿Por qué me están tratando como si fuera un criminal?" les reclamó airada.

"¡Muéstrenos todos sus papeles y una identificación!" le ordenaron. La mujer, malhumorada, sacó su licencia de conducir, la tarjeta de circulación, el registro y prueba del seguro. Los dos agentes comparaban todos los papeles con mucha cautela, sacudiéndose la cabeza.

Finalmente, le devolvieron los papeles, girándole una infracción por conducir agresivamente. Pero luego, uno de los oficiales le dijo: "Señora, francamente, pensamos que usted se había robado este auto".

"¿Pero por qué? ¿Hay un reporte de un auto robado como el mío?"

"No, pero cuando vimos los engomados en su automóvil que dicen: *Dios te ama, Solo Cristo salva y Gócese en el Señor...* y al ver cómo conducía usted, ¡nuestra lógica conclusión fue que usted no era la dueña del auto!"

I. El cuidado del cuerpo y la vida espiritual
No sabemos si esta señora estaba sufriendo a causa del síndrome premenstrual, si se había peleado con su marido, si no durmió bien, o qué, pero es verdad que existe una relación estrecha entre el cuerpo físico y nuestro sentir. Ahora veamos otro principio relacionado al gozo que el Señor tiene para todos sus hijos.

Sexto principio:
Aunque el gozo es un fruto del Espíritu, a la vez, es el fruto de un buen descanso por la noche, ejercicio y una dieta balanceada.

Pablo escribió que debemos glorificar a Dios en nuestro cuerpo, porque es templo del Espíritu Santo (I Co. 6:19, 20). Si hay algo que puede disminuir la expresión de nuestro gozo y contentamiento, es no cuidar bien el cuerpo, no reconocer nuestros propios límites, y como consecuencia sufrir del agotamiento físico o aun enfermedad. Toma nota que dije que podemos "disminuir la **expresión** de nuestro gozo", porque el verdadero gozo de conocer a Dios es tan profundo que podemos experimentarlo, aun estando enfermos o cansados.

¿Has notado que somos más gruñones y malhumorados cuando no hemos descansado bien? ¿Habías pensado que el tomar una siesta cuando estás agotado pudiera ser la cosa más espiritual que puedes hacer?

Jonathan Edwards, un gran hombre de Dios del siglo 18, era un teólogo que escribió sobre temas bíblicos muy profundos. Pero es interesante que, a la vez, él escribiera sobre la relación entre el cuidado del cuerpo y la vida espiritual. El dijo: "Yo observo bien cómo las diversas clases de comida afectan mi cuerpo y mi mente y luego escojo las cosas que me dan más energía y evito las comidas que me dan sueño".

> **Preguntas para reflexionar:** ¿Cuáles son algunas de las maneras en que la gente maltrata su cuerpo? ¿Piensas que tú necesitas más dominio propio en cuanto al ejercicio y comer bien? ¿Comes demasiada grasa, comida "chatarra" y dulces? ¿Cuáles hábitos alimenticios estás enseñando a tus hijos para que tengan su máximo potencial de energía y salud?

II. Las hormonas: ¡cuidado mujeres!

Algunas mujeres sufren cada mes de la fluctuación de sus hormonas. Entre más los hombres entiendan este asunto, más podrán comprender a sus esposas. Algunos días ella llora fácilmente y no quiere que él ni la toque, pero pocos días después, ella está "feliz de la vida". Este fenómeno no tiene nada que ver con una falta de espiritualidad. ¡Es parte de la vida real…con algunas mujeres! Otras experimentan una gama extrema de emociones durante la menopausia y tampoco tiene algo que ver con lo espiritual.

Además, hay ciertas enfermedades, como anemia, problemas de la tiroides, y muchas otras, que provocan gran cansancio, obviamente afectando las emociones. Si esta es tu situación, en vez de sentirte condenada, creyendo que has perdido el gozo de tu salvación, busca un buen médico y lucha por tu sanidad.

Aun las emociones del profeta fueron afectadas

Hay una historia en la Biblia del profeta Elías que es muy interesante. Después de que Dios le había usado para destruir a los profetas falsos de Baal y en respuesta a su oración, fuego cayó del cielo milagrosamente (I Reyes 18), en el siguiente capítulo ¡él está tan desanimado y deprimido que quiere morir! ¡Imagínate! Si un gran profeta como Elías pudiera experimentar tan extrema gama de emociones – un día en victoria y al día siguiente deprimido - ¿no crees que nos puede pasar a nosotros?

Pero ¿cuáles fueron las indicaciones de Dios a Elías cuando se encontró deprimido? Primeramente, se durmió, luego un ángel le tocó y le dijo que comiera y tomara agua. Después volvió a dormirse y otra vez se levantó y comió. (19:1-8). ¡Aun el profeta necesitaba comida correcta, suficiente agua y descanso para vencer su desánimo!

III. ¿Estás estresado?

¿Cuántos han estado en una situación en que pensaban: "Si alguien más me pide otra cosa, pienso que voy a tronar"? Nos sentimos presionados por la familia, la iglesia, la escuela de los hijos, el trabajo, los quehaceres de la casa, y otras cosas más. Se han escrito cientos de libros sobre el estrés y lo que lo provoca, pero quiero mencionar solo un factor: el estar sobre-comprometido, puesto que no sabemos decir: "No" a las demandas de la gente.

Alguien dijo: "El estrés es lo que sucede cuando tu cabeza dice 'No' pero escuchas a tu boca diciendo, 'Claro que sí, me daría gusto hacerlo'". Uno tiene que reconocer sus propios límites, físicos y emocionales, porque si no, su ánimo será afectado. Recuerda: ¡a veces, la gente espera más de nosotros que Dios mismo!

> **Preguntas para reflexionar:** ¿Eres una persona que encuentra difícil decir No, aun cuando sabes que otro compromiso te va a sobre-extender y estresar? ¿Qué puedes hacer al respecto?

Conclusión

Si has perdido tu gozo y si te encuentras de mal humor demasiados días, examina tus hábitos alimenticios y cuántas horas estás descansando en la noche. A la vez, pregúntate si debes poner "límites" a todo lo que la gente pide de ti. En un capítulo posterior aprenderemos algunas acciones que podemos tomar cuando nos sentimos de mal humor.

Oración sugerida:

"Señor, reconozco que mi cuerpo es templo del Espíritu Santo, por lo cual debo glorificarte por medio de él. Ayúdame a tener la disciplina necesaria para no maltratar mi cuerpo sino cuidarlo, para que te pueda servir mejor todos los días de mi vida. Tu palabra promete: *Y los redimidos del Señor volverán y vendrán a Sion con alegría; y gozo perpetuo será sobre sus cabezas; y tendrán gozo y alegría, y huirán la tristeza y el gemido* (Isa. 35: 10). Yo soy uno de tus redimidos, por lo cual declaro que ¡gozo perpetuo habrá sobre mi cabeza, y que la tristeza y el gemido huirán! Gracias, Padre".

Capítulo 14
¿Cómo puedo estar gozoso cuando estoy de mal humor?

Una amiga asistió a un congreso cristiano fuera de la ciudad, y por tres días, escuchó a predicadores dinámicos hablar sobre la vida abundante en el Espíritu. Ella recibió cada enseñanza como una esponja, y al final del congreso, se sentía llena, sumergida y renovada con un gozo que desbordaba. Uno de los predicadores que más le impactó, habló del gozo que había recibido cuando fue lleno del Espíritu Santo, y agregó: "Por nada permita que el gozo del Señor le sea robado".

Siendo madre de dos hijos pre-adolescentes y en medio de un matrimonio tormentoso, al terminar el congreso, mi amiga se dirigió a casa gozosa, sintiéndose por "encima del mundo" y lista para conquistar todo.

Pero al instante que bajó del avión, los problemas empezaron: debido a un problema de tráfico, tardaron casi tres horas para recogerla, llegando a casa a la medianoche. El esposo estaba molesto porque ella no traía suficiente dinero para regresar en taxi; el hijo de 12 años tenía el típico mal humor de un adolescente cuando las cosas no resultan a su manera, y la hija estaba enferma y ofendida porque su madre la había dejado sola con su papá.

La peor sorpresa fue cuando llegó a casa y encontró que no se había lavado ni un solo plato en su ausencia, y además, la ropa sucia se había amontonado ¡que casi ni podían caminar en las recámaras! En medio del caos, mi amiga solo pudo mirar hacia arriba, clamando en desesperación desde lo más profundo de su corazón: "¡Dios mío! ¿Y se supone que yo debo experimentar tu presencia y gozo en medio de todo esto?"

Tal vez tú, como mi amiga, has estado en un lugar o en una reunión donde experimentaste la gloriosa presencia de Dios, pero de repente, tuviste que enfrentar una situación tan difícil, que de un momento a otro, ese gozo se tornó en frustración.

I. Otro principio para conectarnos al gozo

 En una lección anterior aprendimos que nuestro estado físico tiene mucho que ver con nuestros sentimientos. Ahora veremos algunos pasos para cambiar nuestros sentimientos cuando no son el resultado de algo grave, como una enfermedad.

Séptimo principio:
  Nuestras acciones a menudo cambian nuestras emociones

Posiblemente estás pensando: Todo suena muy bien, pero es demasiado simple solo "decidir ser una persona gozosa", porque lo he hecho y sin embargo, me siento malhumorado.

¡Tienes razón! Al decidir en la cabeza estar contento, es solo el primer paso. Luego, tenemos que tomar ciertas acciones. Como ya hemos aprendido, el gozo del Señor es algo profundo y la capacidad para experimentarlo ya está dentro de nosotros. Sin embargo, el estar contento en cualquier circunstancia es algo que Pablo dijo que había aprendido.

II. La relación entre nuestras acciones y nuestros sentimientos.
¿Cómo podemos aprender a estar contentos en cualquier circunstancia? Más adelante mencionaré varias acciones que tienen el potencial para traernos contentamiento. Pero primeramente notemos la relación que existe entre nuestras acciones y nuestros sentimientos.

Muchas veces el sentimiento sigue a la acción, por lo tanto, hay que buscar motivos o acciones que produzcan contentamiento. Por ejemplo, en ocasiones me siento molesta o de mal humor con mi esposo, pero he aprendido que si le expreso mi amor y tal vez hasta le doy un abrazo - por pura disciplina, no porque sienta hacerlo - encuentro que muchas veces ya cambiaron mis sentimientos. Ya no me siento molesta ni de mal humor. Mis acciones afectaron mis emociones.

La ley de "sembrar y cosechar"
El servir a otros es una acción que nos trae satisfacción y gozo. Cuentan la historia de Booker T. Washington, un hombre negro que llegó a ser el presidente de una escuela superior en el estado de Alabama, durante los años de mucha discriminación racial cuando era muy poco usual que un negro llegara a tal puesto. Cierto día Washington estaba caminando frente a la casa de una familia de muchos bienes. La señora, dando por hecho que él era uno de los jardineros que su esposo había ocupado, le pidió que partiera leña para ella. Con una sonrisa, Washington se quitó su saco y amablemente empezó a partir la leña. Cuando la llevó a la cocina, una de las sirvientas le reconoció y corrió para avisarle a su patrona quién era.

La mañana siguiente, esta señora se presentó en la oficina del Señor Washington, pidiéndole perdón, diciendo: "Yo no me di cuenta que era usted". El presidente de la escuela le aseguró que todo estaba bien, que a él le gustaba servir a sus amigos.

La señora rica quedó tan impresionada por la actitud servicial de este hombre, que en los siguientes años ella donó grandes cantidades de dinero a la escuela, y además convenció a sus amigas de hacer lo mismo. Al final de cuentas, ¡la escuela recibió más dinero de este acto sencillo que de todos los eventos que hicieron para levantar fondos!

> **Pregunta para reflexionar:** ¿Por qué crees que el Señor Washington podía aceptar con una sonrisa un trabajo manual que se le pedía? ¿Piensas que su actitud de servir le ayudó a vencer la discriminación en su contra? ¿Qué lecciones podemos nosotros aprovechar de esta historia?

III. Veamos otras acciones que tienen el potencial para llevarte a una vida de contentamiento:

(1.) *Ten un espíritu de dar.* Es imposible ser un cristiano gozoso y ser mezquino o tacaño. *"Más bienaventurado es dar que recibir"* Hech. 20:35. Cuando el rey David iba a construir el templo, el pueblo empezó a traerle ofrendas y leemos: *"Y se alegró el pueblo por haber contribuido voluntariamente..."* (1 Cron. 29:9). Entre más damos de nuestros recursos a la obra de Dios o para ayudar a los pobres, más gozo tendremos.

(2.) Ten un corazón para los que sufren. Cuando tenemos un corazón de misericordia hacia los que sufren, tendremos gozo porque este es el corazón de Dios. El profeta Isaías dijo: *"Si te das a ti mismo en servicio del hambriento, si ayudas al afligido en su necesidad, tu luz brillará en la oscuridad, tus sombras se convertirán en luz de mediodía"* (58:10).

(3.) Reconoce que tu trabajo tiene significado. Dichosa la persona que disfruta su trabajo. Si tú o tu cónyuge se encuentran atrapados en un trabajo que odian, ora fervientemente al Señor que les dé otro. La vida es demasiado corta para pasar los días en algo que no trae satisfacción. Mientras tanto, cultiva un espíritu de gratitud ¡porque tienes un trabajo!

(4.) Cultiva relaciones amorosas. Los sicólogos han encontrado que la gente que está verdaderamente realizada y feliz son aquellos que están involucrados en relaciones fuertes de amor, con familia y con amigos.

(5.) Pon toques de belleza y calor a tu casa. Aunque es posible ir a un extremo en esto, es cierto que el desorden en la casa (u oficina) es un factor negativo que puede quitar tu gozo. Procura tener tu casa en orden, limpia y adornada con colores bonitos y fragancias agradables. Algunas velas atractivas añaden al ambiente y dicen: "Bienvenidos" a tus invitados.

(6.) Desarrolla un espíritu de risa en tu hogar. El jugar es parte de una vida equilibrada, como el dicho: "Mucho trabajo y nada de juego, nos hace aburridos". Si encuentras una caricatura divertida, recórtala y colócala en un lugar visible, sea en la cocina, baño u otro cuarto. Si batallas para poder reír fácilmente, recuerda: *"Aún llenará tu boca de risa, y tus labios de júbilo"* (Job 8:21). Escribe este texto en una tarjeta y pégala al refrigerador.

Conclusión

Según las estadísticas, el adulto promedio se ríe cuatro o cinco veces al día, mientras que el niño promedio se ríe 150 veces al día. ¡Con razón Jesús dijo que debemos volver a ser como niños! Dios dice: *"...el de corazón contento tiene un banquete continuo"* (Prov. 15:15). De modo que, pongamos de nuestra parte para cultivar ese espíritu de gozo y contentamiento. ¡Así tendremos un banquete continuo!

Oración sugerida:

"Señor, gracias porque me estás enseñando a contentarme cualquiera que sea mi situación. Ayúdame esta semana a servir a alguien, a dar de mis recursos, a cultivar mejores relaciones amistosas, a traer belleza y orden a mi hogar, y a desarrollar un espíritu de risa en mi familia, porque el de corazón contento tiene un banquete continuo".

Capítulo 15
Ladrón #7: El enojo no resuelto, la amargura y la falta de perdón

Se cuenta una historia verídica de cierto hombre que se dejó amargar por unos pollos que su vecino consiguió y comenzó a criar. Al principio sólo representaron una molestia, pero con el tiempo, estos pollos trajeron consigo muchas consecuencias para el vecino: moscas por cientos se metían dondequiera, los "quiquiriquis" de un gallo madrugador a las 4:00 de la mañana, perros que ladraban al olfatear las aves.

El pobre hombre empezó a sentir rencor al pensar que la casa en la que había invertido tanto dinero, ahora estaba en un barrio que parecía de rancho, gracias a estos ofensivos animales. Poco a poco creció su rencor en amargura hasta que comenzó a sufrir migrañas y alta presión. Estaba perjudicando su salud.

Por fin, el hombre fue y habló con el dueño de los pollos. Para su total sorpresa, el vecino comprendió su angustia cuando se dio cuenta de los problemas que los pollos estaban provocando y ofreció deshacerse de éstos. Dos semanas después cuando volvió con su médico, su presión era normal y ya no tenía dolores de cabeza.

Aunque muchos de nuestros conflictos tienen solución si tenemos la actitud correcta, desafortunadamente no todas las situaciones entre vecinos o parientes terminan tan amablemente como en el caso del vecino con pollos. Algunas personas se han muerto – literalmente – a raíz de pleitos familiares. La amargura les destruyó física, emocional y espiritualmente.

I. Por tu bienestar y el de tu familia…controla tu enojo
¿Eres una persona que "explota" fácilmente? ¿Alguien que se enoja excesivamente si el niño tira la leche, si tu esposa quema los frijoles o si el marido llega un poco tarde? ¡El enojo es en verdad un ladrón! Es imposible estar enojado por un tiempo prolongado y gozoso a la vez.

Un estudio reciente de la Asociación Cardiaca Americana, revela que la hostilidad provoca tantos infartos como el fumar y la alta presión de sangre. En otro estudio encontraron que la gente cínica e iracunda es cinco veces más propensa a morir antes de la edad de 50 años, que la gente calmada y tranquila. Las personas enojonas están involucradas en más pleitos y accidentes que otros.

> **Preguntas para reflexionar:** Lee Proverbios 22:24,25 *"No te entremetas con el iracundo, ni te acompañes con el hombre de enojos, no sea que aprendas sus maneras..."* ¿Por qué es peligroso ser amigo de una persona iracunda? ¿Reconoces que en ocasiones el enojo de otro te ha contaminado?

Un médico muy respetado dijo lo siguiente: "Yo creo que tres de cada cuatro pacientes en nuestros hospitales están allí porque sus problemas físicos proceden directamente de tensión mental. La amargura es literalmente un veneno al cuerpo y mente. Destruye la salud y destruye las relaciones interpersonales".

Hace miles de años Dios dijo, *"Seguid la paz con todos...mirad bien, no sea que alguno deje de alcanzar la gracia de Dios; que brotando alguna raíz de amargura, os estorbe, y por ella muchos sean contaminados"* (Heb. 12:14,15).

II. Tú puedes controlar y canalizar el enojo

El enojo es una de nuestras pasiones más fuertes. De hecho, es una emoción dada por Dios, porque cuando está en equilibrio, sirve para un propósito, como el dolor; nos advierte que algo anda mal. De modo que si en este momento sientes enojo, no te condenes. Nuestra tarea no es tanto eliminar el enojo, sino aprender a manejarlo o canalizarlo.

Proverbios dice: *"Mejor es el que tarda en airarse que el fuerte; y el que se enseñorea de su espíritu que el que toma una ciudad"* (16:32). Este texto nos enseña que es posible controlar nuestras pasiones y emociones. Dios nos ha dado el espíritu de dominio propio. *"Porque no nos ha dado Dios espíritu de cobardía, sino de poder, de amor y de dominio propio"* (2 Tim. 1:7).

> **Preguntas para reflexionar:** ¿Crees que mucha gente no se da cuenta de esta verdad y creen que sus emociones tienen que controlar sus acciones? ¿Por qué no aprendes de memoria 2 Timoteo 1:7?

Efesios 4:26 dice: *"Airaos pero no pequéis; no se ponga el sol sobre vuestro enojo".*

¿Qué significa: airaos pero no pequéis? Una cosa que significa es no actuar sobre tu enojo. No hacer o decir todas las cosas que quisieras hacer o decir cuando estás enojado. Y ¿por qué es necesario resolver el enojo antes de que se ponga el sol? Porque al dormir, el asunto tiene tiempo de echar raíces y luego convertirse en amargura.

III. Las injusticias de la vida

Por otro lado, si no puedes enojarte por las injusticias de la vida, algo anda mal en ti. Hasta las Escrituras dicen que Dios está airado con los malvados todos los días. Las guerras, el abuso de niños, el adulterio o el alcoholismo... todo esto y más, debe provocar un enojo santo. Pero también Dios dice: *La venganza es mía; yo pagaré, dice el Señor..* Tú puedes enojarte, solo que no actúes en la carne para tratar de resolver estas situaciones.

Si estás enojado, aun amargado, con alguien por una injusticia, la única manera de vencerlo es imitar a Dios y escoger darle a esta persona algo que no merece: misericordia. Si lo haces, tú serás bendecido.

Esto es precisamente lo que hizo una mujer llamada Carol Arnott, esposa de John Arnott, el pastor principal de una iglesia en Toronto, Canadá. Ella fue abusada cruelmente por su madre y creció con muchas heridas emocionales y aun físicas. Después de sufrir por años, un día Dios le reveló la verdad de regalarle a su madre misericordia. Fue un proceso que tomó tiempo, pero finalmente, ella fue totalmente sanada y hasta se restauró la relación rota con su madre. ¿A quién necesitas tú dar el regalo de la misericordia?

Perdonar a otros sus ofensas: (1) no cambiará el pasado (2) no significa que la otra persona tenga la razón y (3) no minimiza la ofensa. ¡Es una decisión que te cambiará a ti! Tú no puedes darte el lujo de no perdonar. DIOS TE PERDONO TODAS TUS OFENSAS, a través de Cristo, aunque tú no merecías este perdón. Ahora El te pide que hagas lo mismo para con tus semejantes. *"Y perdónanos nuestras deudas, como (en la misma manera) también nosotros perdonamos a nuestros deudores"*. (Mt. 6:12)

IV. Identifica la raíz

Para ser libre, es importante identificar la verdadera raíz del enojo. Conozco a una mujer llamada Joyce, que de niña había sido abusada sexualmente por su padre, y creció siendo una adulta rencorosa, amargada y llena de ira. Así vivió por años. Ella cuenta: "Cuando finalmente entregué mi vida y mi situación a Dios, El me dio la capacidad de perdonar a mi padre, sanó mis heridas y quitó la raíz de mi enojo".

> **Preguntas para reflexionar:** ¿Existe en ti un enojo no resuelto por una herida de tu niñez? ¿Por el abandono de tu pareja? ¿Por una ofensa de un hijo u otro familiar? ¿Por qué en este momento no se lo entregas a Dios y haces lo que hizo Joyce: perdona y permite al Señor sanarte?

Conclusión

No hay nada que quite tu gozo más rápido como el enojo, el rencor, la amargura y la falta de perdón. Pero de la misma manera, cuando perdonas y eres sanado, tu gozo te será devuelto. Puede requerir tiempo pero ¡vale la pena!

Oración sugerida

"Señor, decido soltar y dejar en tus manos todas las ofensas. No permitiré al ladrón seguir robándome el gozo al ser un enojón y al guardar rencor. Regalo perdón y misericordia a los que no lo merecen, puesto que Tú me has perdonado a mí todas mis ofensas".

Capítulo 16
Confía en la noche oscura cuando parece que Dios no está allí

Un niño estaba orando antes de dormir y dijo: "Señor, cuida a mi mamá, a mi papá, a mis hermanos, cuídame a mí...y cuídate a ti, Dios, porque si algo te sucediera, todos estaríamos en grandes problemas."

¿Alguna vez has sentido que Dios ha desaparecido, o por lo menos que está muy distante? Si respondes que sí, no estás solo. Notemos cuántos libros cristianos se han escrito sobre temas relacionados a la desilusión con Dios. Aquí hay algunos títulos:
¿Dónde está Dios cuando me Duele?
Cuando lo que Dios hace no tiene sentido
Porque Cosas Malas Suceden a Personas Buenas
Desilusión con Dios
Estos títulos nos dicen que a todos nosotros nos llegan tiempos en la vida cuando parece que Dios nos ha abandonado.

I. ¿Ofendido con Dios?
Jesús dijo en Mateo 24:10 que en los últimos días "muchos tropezarán", que significa "muchos se ofenderán". La palabra "ofensas" "se ofendió" u "ofendido" se encuentra por lo menos 80 veces en la Biblia. Algunos se ofenden con un hermano, con el pastor u otro de los líderes. Pero muchos otros ¡se ofenden con Dios mismo! Probablemente la mayoría de nosotros, si somos honestos, tendríamos que confesar que nos hemos sentido ofendidos o desilusionados con Dios.

A veces nosotros mismos propiciamos nuestra desilusión cuando nos obsesionamos con lo que creemos que es la voluntad de Dios. Tengo una amiga que creía que Dios le había mostrado que su esposo tendría ciertos cambios para cierta fecha y cuando no sucedió, ella se desilusionó de Dios.

> **Pregunta para reflexionar:** ¿Puedes pensar en otros ejemplos de cosas en que las expectativas mal enfocadas de la gente propiciaron su propia desilusión con Dios?

II. Dios esconde su rostro

A veces cuando Dios parece distante, sentimos que El está enojado con nosotros o que nos está disciplinando por algún pecado. Es cierto que el pecado sí viene a romper nuestra intimidad con Dios, pero hay ocasiones cuando aun el cristiano viviendo en santidad, puede sentir que está abandonado por Dios y no tiene nada que ver con el pecado, ni con sus expectativas mal enfocadas. Es una prueba de su fe. ¿Continuará amándole, sirviéndole...aun cuando no existen evidencias visibles de la presencia de Dios en su vida?

"Esperaré a Jehová, el cual escondió su rostro de la casa de Jacob, y en el confiaré" (Isa. 8:17). El profeta revela que en ocasiones Dios esconde su rostro. Es fácil alabar a Dios cuando todo nos va bien: cuando disfrutamos la prosperidad, salud, amor en la familia, situaciones alegres. ¿Pero cuando no le sentimos cerca? ¿Cuándo las oraciones no son contestadas como habíamos esperado? Al leer la historia de la iglesia, encontramos que muchos de los santos a través de los siglos experimentaron tiempos de duda, sequedad y la ausencia de la presencia manifiesta de Dios. Recuerda que son dos cosas: la omnipresencia de Dios y la manifestación de su presencia. El siempre está con nosotros, pero no siempre sentimos o reconocemos su presencia.

Floyd McClung es un líder que Dios ha usado grandemente alrededor del mundo. El también pasó por un tiempo oscuro en su vida. El dice: "Te levantas una mañana y todo el sentir espiritual ha desaparecido. Oras, pero parece que nada sucede. Reprendes al diablo, pero las cosas no cambian. Pides a tus amigos que oren por ti. Confiesas cada pecado que viene a tu mente, pides perdón a medio mundo. Ayunas....nada. Sientes que tus oraciones están rebotando del cielo de tu casa. Y terminas clamando: Señor, ¿qué me está pasando?" Finalmente, McClung llegó a la conclusión de que no había nada mal con él, sino que estaba experimentando una parte normal del proceso de madurar en su relación con Dios.

> **Preguntas para reflexionar:** ¿Han habido veces en tu vida en que te has sentido, como Floyd McClung, que Dios había escondido su rostro? ¿Cómo reaccionaste?

III. ¿Qué hacer cuando Dios parece distante?

¿Qué podemos hacer cuando no entendemos lo que está pasando y cuando sentimos que la vida es injusta? David, en muchos de los Salmos, se queja de que Dios le ha abandonado. Otro ejemplo bíblico es Job, alguien que sufrió como pocas personas. Y lo peor de todo es que por 37 capítulos Dios no le habló. ¿A ti te ha sucedido que sientes que Dios está guardando silencio? Pero ¿qué hizo Job? Leemos: *"Entonces Job se levantó…se postró en tierra y adoró"* (1:20). Y luego dice: *"En todo esto no pecó Job, ni dijo nada malo contra Dios".* Pero el versículo que más me encanta en todo el libro de Job se encuentra en capítulo 13, versículo 15: "He aquí, aunque él me matare, en él esperaré".

Es decir, aunque no entendamos los caminos de Dios, confiemos en su carácter, confiemos en que El es amor, que es justo, que es bueno y que nos ama y que obrará (a través del tiempo) todo para nuestro bien.

IV. Dos Clases de Fe

Hay dos clases de fe: una es "si" y la otra es "aunque". "Si todo me va bien, si mi vida prospera, si nadie en mi familia se enferma gravemente o se muere, si Dios contesta mis oraciones, entonces confiaré en El". Esta es una clase de fe.

La otra es: "Aunque la maldad prospere, aunque no entiendo porqué las cosas suceden como suceden, confiaré en El. Sé que El está obrando para mi bien". Job tuvo esta clase de fe. También el profeta Habacuc. El dijo: *"Aunque…la higuera no florezca, ni en las vides haya frutos; aunque falte el producto del olivo* (aunque no vea la presencia de Dios en mi vida, aunque haya cosas que no entienda)*….con todo yo me alegraré en el Señor y me gozaré en el Dios de mi salvación" (3:17,18).*

Conclusión

Aunque David en varias ocasiones sentía que Dios le había abandonado, él dijo algo sabio en el Salmo 40. *"Pacientemente esperé al Señor"* (v. 1) y luego: *"Me hizo sacar del pozo de la desesperación, del lodo cenagoso"*. Si tú esperas en el Señor, ¡El te sacará también a ti de este pozo de la desesperación!

Se encontró el siguiente escrito tallado en la pared de un campo de concentración:
> Creo en el sol aun cuando no brille;
> Creo en el amor aun cuando no se muestre;
> Creo en Dios aun cuando no hable.

Oración sugerida:

"Padre, quiero tener el espíritu de Job y decir, ¡aunque me matares, en Ti confiaré! Como Habacuc, declaro que aunque la higuera no florezca ni en las vides haya fruto, aunque las cosas no sucedan como yo había esperado, con todo yo me alegraré en Ti y me gozaré en Ti, el Dios de mi salvación".

Capítulo 17
Ladrón #8: La avaricia y el materialismo

Phil Driscoll fue uno de los mejores trompetistas en el mundo, trayéndole fama y dinero. Un día conoció a Jesucristo y empezó a usar su talento para Dios. Increíblemente, hace varios años él aceptó nuestra invitación de venir a Ciudad Juárez para dar su testimonio y tocar su trompeta. Parte de su historia que me impactó fue que él siempre había soñado tener un automóvil Rolls Royce, la marca más lujosa que existe, creyendo que con manejar ese carro, él sería verdaderamente feliz. El cuenta cómo finalmente logró juntar los $100,000 dólares, el precio de ese automóvil, pero para su sorpresa, después de una semana, se encontró que era como manejar cualquier automóvil…y ¡que él no era más feliz que antes!

Lo más seguro es que tú y yo nunca hemos soñado con tener un Rolls Royce, pero ¿no es cierto que hemos pensado: si tan solo tuviera esto o aquello….estaría feliz? Como veremos en esta lección, Dios no está en contra de que tengamos buenas cosas, sin embargo, su Palabra advierte vez tras vez en contra de la avaricia. Además de ser un grave pecado, nos robará el gozo.

I. ¿Qué es el materialismo?
La palabra "materialismo" obviamente incluye el amor al dinero y la avaricia, pero también implica prioridades, propósitos y metas mal enfocadas. Cuando las prioridades de nuestra vida son cosas materiales y cuando nuestros pensamientos y nuestros planes se enfocan principalmente en cosas temporales, entonces somos materialistas. Y cuando nuestro contentamiento depende de casas, automóviles, ropa y cosas externas, entonces somos materialistas.

Jesús dijo, *"Mirad y guardaos de toda avaricia; porque la vida del hombre no consiste en la abundancia de los bienes que posee"* Lu. 12:15.

El autor de Hebreos escribió: *"Sean vuestras costumbres sin avaricia, contentos con lo que tenéis ahora…" (13:5).*

Dios no quiere que sus hijos vivan en escasez y mucho menos en la miseria. Su voluntad perfecta es que seamos prosperados y que tengamos abundancia para disfrutar y para que podamos ayudar a otros. *"Riquezas, honra y vida son la remuneración de la humildad y del temor del Señor"* (Prov. 22:4).

> **Preguntas para reflexionar:** ¿Crees que todos los anuncios en la televisión, en las revistas y en los espectaculares, que prometen felicidad si tan solo usara o tuviera cierto producto, son responsables en parte de que seamos una sociedad tan materialista? ¿Tú o tus hijos han comprado cosas que no necesitaban, influenciados por estos anuncios?

II. Contento con lo que tienes, sin ser conformista

Dios no está en contra del progreso. El mismo puso en el hombre el deseo y la motivación de mejorar su situación, de alcanzar metas, incluyendo metas materiales, siempre y cuando éstas no lleguen a ser la vida de uno. ¡Debemos estar contentos donde estamos – estar agradecidos por lo que tenemos - mientras caminamos a donde vamos!

Nota lo que Pablo escribió a Timoteo: *"Pero gran ganancia es la piedad acompañada de contentamiento...así que teniendo sustento y abrigo, estemos contentos con esto"* (I Tim. 6:6,8). La palabra "contentamiento" implica estar satisfecho con tus circunstancias. Esto no quiere decir que tienes que ser conformista y no tener sueños para lograr más. Por supuesto, queremos mejorar nuestras vidas, la vida de nuestra familia, nuestra salud, nuestras finanzas, el mundo en donde vivimos. No obstante, mientras esperamos mejores días, ¡disfrutemos donde estamos, en el camino a donde vamos!

Pablo dijo que él había aprendido a contentarse con lo que tenía. *"Sé lo que es vivir en la pobreza, y también lo que es vivir en la abundancia. He aprendido a hacer frente a cualquier situación, lo mismo a estar satisfecho que a tener hambre, a tener de sobra que a no tener nada. A todo puedo hacerle frente, pues Cristo es quien me sostiene"* Fil. 4:12,13 (Dios Habla Hoy).

Jesús dijo que si buscamos primeramente el reino de Dios y su justicia, todo lo demás nos será añadido (Mt. 6:33), es decir, serán suplidas nuestras necesidades, no necesariamente nuestros caprichos.

El manejo del dinero es una de las más frecuentes razones del divorcio. Se cuenta la historia de la mujer que le dijo al esposo: "Si no fuera por mi dinero, no tendríamos esta casa lujosa. Si no fuera por mi dinero, no tendríamos vacaciones cada año en Europa, si no fuera por mi dinero, no tendríamos la segunda casa en Cuernavaca." A lo que él respondió: "Si no fuera por tu dinero, ¡yo no estaría aquí!"

A un hombre le robaron su tarjeta de crédito pero no lo reportó porque ¡el ladrón estaba gastando menos que su esposa!

> **Preguntas para reflexionar:** ¿Se te hace difícil estar contento con sustento y abrigo, y a la vez tener sueños para lograr más? ¿Cómo podemos protegernos del amor al dinero?

III. Sara y la Señora de Lot

Pensemos un momento en dos mujeres. Abraham era un hombre rico, así que podemos imaginar que Sara tuvo una casa cómoda entre sus familiares cuando Dios habló a su marido y le dijo que dejara todo para ir a un lugar desconocido.

No hay indicación en las Escrituras que Sara se haya rebelado por la decisión de su esposo de salir de su tierra. Ella siguió a Abraham en su caminar por fe, viviendo muchos años en tiendas. Los dos tenían sus prioridades en orden: hacer la voluntad de Dios sobre todas las cosas.

Por otro lado, pensemos en la esposa de Lot. No sabemos su nombre, sin embargo, Jesús la menciona. El dice: *"Acordaos de la mujer de Lot"*. ¿Por qué nos dice esto? Porque ella representa a una persona atada a las "cosas", a la vida cómoda, tal vez a una vida social. Cuando ella, Lot y sus dos hijas estaban huyendo de Sodoma, antes de que Dios la destruyera con azufre y fuego, ella volteó para mirar atrás y se convirtió en una estatua de sal.

Este trágico fin de su vida no sucedió porque había una simple curiosidad en ella para observar la destrucción, sino porque su corazón todavía estaba en Sodoma. Ella vivía para las cosas temporales de esta vida. Era una materialista.

> **Pregunta para reflexionar:** ¿Te identificas más con Sara o con la esposa de Lot?

IV. Dar a los pobres agrada a Dios

¿Sabías que menos de una cuarta parte de la población del mundo duerme en una cama en la noche? ¿Que tres cuartas partes duermen en una clase de hamaca o un tapete en el piso, o en el piso sin tapete? Obviamente, no podemos ayudar a todos los pobres en el mundo, pero siempre hay alguien cerca de nosotros que tiene menos, con quien podemos compartir. Las Escrituras hablan ampliamente sobre la importancia de ayudar a los necesitados.

"Al Señor presta el que da al pobre, y el bien que ha hecho, se lo volverá a pagar" (Prov. 19:17); *"El que da al pobre no tendrá pobreza..."* (Prov. 28:27). *"No se olviden de hacer el bien y de compartir con otros lo que tienen; porque éstos son los sacrificios que agradan a Dios"* (Heb. 13:16 Dios Habla Hoy).

Conclusión

Una vez un reportero preguntó al Señor Rockefeller: "¿Cuánto dinero se necesita para ser feliz?" y este multimillonario respondió: "Un poco más".

Al cultivar un estilo de vida de ser un dador, no solo traerá gozo a tu propia vida, es una manera de romper el amor al dinero y el espíritu de materialismo. El Señor promete: *"Dad y se os dará"* (Lu. 6:38). Yo – y millones de cristianos más – hemos vivido y comprobado la verdad de esta promesa. Las personas generosas son las más contentas y las personas avaras son las más frustradas e inconformes.

Oración sugerida

"Señor, líbrame de las garras de la avaricia, a pesar de que vivo en una sociedad materialista. Quiero tener Tu perspectiva y como Pablo, contentarme con lo que tengo, sin el afán de siempre buscar más cosas materiales. A la vez, abre mis ojos para ver a aquellas personas con verdadera necesidad, y ser un instrumento tuyo para ayudarles. Tú suples todas mis necesidades, según tus riquezas en gloria, en Cristo Jesús".

Capítulo 18
Decide eliminar todo pecado conocido y sé un cristiano radical

Cuentan la historia de dos hombres que se encontraban náufragos en una isla, sin habilidad de comunicarse con nadie y habían perdido toda esperanza de ser rescatados. Uno empezó a orar: "Oh, Señor, sálvanos, envía a alguien para rescatarnos. Si solo enviaras a alguien, te prometemos asistir a la iglesia cada domingo sin faltar, te prometemos dar fielmente nuestros diezmos, aun pagar los años atrasados, prometemos que te serviremos todos los días de nuestra vida, hasta iremos de misioneros a la selva…" Y continuó haciendo grandes promesas, cuando de repente, su compañero le dijo: "Espérate, no prometas demasiado, ¡creo que veo un barco acercándose!"

Estos hombres no querían un compromiso radical con el Señor; solo querían la ayuda de El en un momento de crisis. Sin embargo, veremos en esta lección que es imposible tener plenitud de gozo sin ese compromiso radical.

I. Otro principio para conectarnos al gozo del Señor

Octavo principio:
Reconoce que el pecado cortará el fluir del gozo, y el ser lleno del Espíritu lo aumentará.

Cuando David escribió de Jesús, que había de venir, él dijo: *"Has amado la justicia y aborrecido la maldad; por tanto, te ungió Dios, el Dios tuyo, con óleo de alegría más que a tus compañeros"* (Sal. 45:7).

Contrario a algunos dibujos de nuestro Señor, donde parece triste, El fue una persona muy gozosa. De otra manera ¿por qué lo niños desearían estar con El? Su contentamiento se debe, en gran parte, porque amaba la justicia y aborrecía la maldad. Entre más tú odies el pecado y te alejes de él, más alegría tendrás. Es cierto que el pecado trae placer momentáneo, pero después viene remordimiento, sufrimiento y terribles consecuencias.

> **Preguntas para reflexionar:** ¿Puedes pensar en alguna ocasión cuando de repente perdiste tu gozo y la paz, y luego reconociste que habías hecho algo que entristeció al Espíritu Santo dentro de ti? ¿Qué hiciste para recuperar el gozo y la paz?

II. Guardar sus mandamientos trae gozo

Inmediatamente después de que Cristo dijo a sus discípulos que guardaran sus mandamientos y que permanecieran en su amor, El dijo, *"Estas cosas os he hablado para que mi gozo esté en vosotros, y vuestro gozo sea cumplido"* (Jn.15:11). ¿Qué es necesario para experimentar este gozo? ¡Guardar sus mandamientos y permanecer en su amor!

Siendo que el gozo es un fruto del Espíritu (Gál. 5:22), no es algo que podemos producir con esfuerzos humanos. Sin embargo, mientras buscamos ser llenos del Espíritu, el gozo será una consecuencia natural. A la vez, el Espíritu producirá en nosotros otras cualidades que hemos visto en lecciones anteriores que, a su vez, traen gozo. Por ejemplo: el dar, el servir, el compartir nuestra fe, el amar, el tener un buen sentido del humor.

Ahora veamos aun más factores que son motivo de gozo:

1.) El contentamiento se encuentra en Su presencia.

"Me mostrarás la senda de la vida; en tu presencia hay plenitud de gozo; delicias a tu diestra para siempre" (Sal. 16:11). Entramos a su presencia a través de la alabanza y adoración, a través de cánticos que le glorifican, y a través de la oración.

¿Tu tiempo de oración es motivo de gozo? Si no, puede ser que tus oraciones sean más bien listas de quejas, por medio de las cuales "informas" a Dios cuán mala es tu situación. Yo puedo recordar muchas ocasiones en años anteriores en que terminé un tiempo de oración más deprimida que cuando empecé, y fue por la sencilla razón de que había pasado media hora, o el tiempo que fuera, recordándole a Dios – y a mí misma – una lista de problemas. Por fin, he aprendido que uno no entra en su presencia de esta manera, sino *"con regocijo y con acción de gracias"* (Sal. 100).

> **Pregunta para reflexionar:** Toma nota que no estamos hablando de llegar a ser más religiosos, sino de estar más cerca de Dios. ¿Cuál es la diferencia entre ser religioso y estar cerca de Dios?

2.) Hijos espirituales y naturales traen gozo.

Pablo, escribiendo a hijos espirituales en varias de sus cartas, decía que ellos eran su gozo. Cada uno de nosotros, cualquiera que sean nuestros dones, tenemos influencia sobre otros. Esta influencia – directa o indirecta – debe producir hijos espirituales. Proverbios dice que el que gana almas es sabio (11:30). También podemos añadir: ¡el que gana almas es gozoso!

En cuanto a hijos naturales, Proverbios dice que *"el hijo sabio alegra al padre"* (10:1), y *"Corrige a tu hijo, y te dará descanso, y dará alegría a tu alma"* (29:17).

3.) Tener una visión mundial trae gozo.

Nada puede satisfacer totalmente la vida de Cristo dentro de nosotros, excepto vivir para cumplir Sus propósitos. Y Su propósito es que el evangelio sea predicado a todo el mundo, a fin de que cada tribu, cada pueblo y nación le conozcan a El y sepan de su perdón. Pide a Dios que El te dé Su corazón por el mundo. Infórmate sobre misioneros sirviendo en lugares aislados o difíciles, luego ora por ellos y por ese pueblo. ¡Ten una visión mundial!

4.) Tener la perspectiva de Dios trae gozo.

Cuando aprendamos a ver la vida desde la perspectiva de Dios, seremos totalmente transformados. Más aun, podremos ver el sufrimiento y las aflicciones como algo temporal y no permanente. San Pablo dijo que las aflicciones de esta vida no se comparan con la gloria venidera. Cuando reconocemos que este mundo no es nuestro hogar, sino que estamos de paso, entonces ¡tendremos la perspectiva de Dios!

En el Nuevo Testamento encontramos la misma palabra "Bienaventurados" igual como se mencionó en el Antiguo Testamento y es una palabra griega MAKARIOS que también significa "muy feliz". Jesús dijo: Bienaventurados (muy felices) los que tienen hambre y sed de justicia, los de limpio corazón, los misericordiosos, aun los que padecen persecución. Estas personas son muy felices porque tienen la perspectiva de Dios. Saben que su galardón es grande en los cielos. (Mt. 5:1-12).

Si en verdad creemos que "todas las cosas les ayudan a bien" a los que aman a Dios (Rom. 8:28), entonces sabremos que El puede utilizar aun las cosas negativas para enseñarnos y para moldearnos a su imagen.

Cuando tenemos la perspectiva de Dios, nuestra actitud hacia la muerte, propia y la de los seres amados, será positiva. Una autora, Lucy Shaw, escribe sobre la actitud positiva de su padre. Cuando él era ya grande, habiendo vivido una vida extraordinaria, los médicos le diagnosticaron cáncer, dándole pocos meses de vida. Lucy fue para estar a su lado y le ayudó a escribir cartas de despedida a todos sus amigos. Ella cuenta: "Aunque tuve emociones encontradas – por un lado, con ganas de ayudarle, pero por otro lado, tristeza por el contenido de las cartas – el entusiasmo de mi padre me contagió. El decía a sus amigos cuán emocionado estaba al pensar que pronto vería a Jesús. Les dijo: '¡Me siento como un niño esperando una bicicleta nueva!'"

¡Qué ejemplo de un verdadero cristiano enfrentando la muerte! ¡Esto es tener la perspectiva de Dios que trae grande gozo!

Conclusión
Cuánto más amemos la justicia y la santidad, cuánto más odiemos el pecado, y cuánto más tengamos la perspectiva de Dios, Su gozo - que ya está dentro de nosotros – saldrá "a flote" y los problemas de la vida disminuirán.

Oración sugerida
"Padre, yo amo la justicia y aborrezco la maldad, por lo tanto declaro que me estás ungiendo con alegría. Mi propósito es entrar diariamente en tu presencia, donde existe plenitud de gozo. A la vez, ayúdame a cultivar la perspectiva divina en cada área de mi vida, para que Tú seas glorificado y yo sea una persona gozosa".

Capítulo 19
A Dios le Gustan las Fiestas

¿Tienes una idea de cuántas veces las palabras gozo, regocijarse, alegría, celebración y risa, aparecen en las Escrituras? ¿Dirías 100 veces? ¿500 veces? ¿800 veces? Sorprendentemente ¡aparecen 1400 veces!

I. El último principio para conectarnos a una vida gozosa

Noveno principio:
  Hay que saber que Dios es un Dios que le gustan las fiestas, por lo tanto sus hijos también deben ser personas alegres.

El concepto de mucha gente religiosa es que Dios es un "aguafiestas", que es tan severo como un juez enojado. Pero los que le conocemos más de cerca sabemos que este concepto no podría estar más lejos de la verdad.

En el primer capítulo de este curso aprendimos que en el Antiguo Testamento, Dios mandó a su pueblo a alegrarse y servirle con gozo. Hasta les advirtió que serían entregados a sus enemigos si no lo hacían. Vemos que la naturaleza de Dios es ser gozoso.

Ahora, veamos una historia en el Nuevo Testamento que confirma lo mismo. Uno de los pasajes favoritos en toda la Biblia es la parábola del hijo pródigo, que se encuentra en Lucas 15. Es la historia de un hijo que se rebeló contra su padre, pidió su parte de la herencia, se salió de la casa y desperdició todo con una vida desenfrenada. Pero la parte bella de la historia es que este hijo finalmente reconoció su error, se arrepintió de todo corazón y volvió a casa en humildad. El estaba dispuesto a volver como un simple siervo.

Nosotros podemos identificarnos con el hijo pródigo porque "todos nosotros nos descarriamos como ovejas" (Isa. 53:6). Para llegar a ser un hijo de Dios, tuvimos que humillarnos, confesar nuestros pecados y venir al Padre por medio de su Hijo Jesús.

Pero ¿has notado la reacción del padre, quien representa a Dios? Salió a recibir a su hijo con brazos abiertos, mandó vestirle con el mejor vestido, puso un anillo en su mano, calzado en sus pies, mató al becerro gordo, y dijo, "hagamos fiesta". Luego leemos que cuando el hermano mayor se acercó a la casa ¡oyó música y danzas! ¡Imagínate: música y danzas en la casa del padre!

¿Te impresiona que a Dios le gusta tener fiestas y gozarse cuando un hijo rebelde se arrepiente y vuelve a casa? ¿O esta imagen del Padre no va de acuerdo con tu tradición religiosa? Y si a nuestro Padre le gusta la música, las danzas y las fiestas, ¿cómo podemos tú y yo ser cristianos tristes con caras largas?

> **Preguntas para reflexionar:** ¿Tienes la plena seguridad de que el Padre Celestial te ha recibido a ti de la misma manera en que el padre recibió a SU hijo rebelde? ¿Te diste cuenta que hubo regocijo en el Cielo cuando tú, y todo pecador, se arrepintieron?

Notemos otra cosa interesante en esta historia. Dice: *"Comenzaron a regocijarse"* (15:24). Algunos esperan hasta que algo les "toque" para empezar a gozarse, esperan que un "espíritu" de gozo se apodere de ellos, pero aquí vemos que ellos tomaron acción. ¡Comenzaron a regocijarse!

No obstante, la historia no termina con una nota alegre. El hijo que volvió a casa arrepentido tenía un hermano mayor, quien no quiso entrar a gozarse en la fiesta. Veamos sus cuatro quejas para ver si nos identificamos con una o más de ellas.

II. ¿Eres como el hermano mayor?
Desafortunadamente, las iglesias están llenas de gente como el hermano mayor. En él había cuatro conceptos erróneos que le robaron el gozo.

1) "Tantos años te he servido".
Este joven tenía la mentalidad de un siervo en vez de un hijo. Hay personas sinceras que aman y sirven al Señor pero el legalismo está tan arraigado en ellos que no pueden gozarse como un hijo. Tienen la mentalidad únicamente

de un siervo. El sirviente sabe que su relación con el patrón depende de su servicio mientras el hijo sabe que su padre le ama incondicionalmente, independientemente de su servicio. Por eso, ¡quiere servirle!

2) "Tantos años te he servido, no habiéndote desobedecido jamás".
¡Qué auto-justificación! La persona que no fácilmente puede perdonar los errores de los demás ni a sí mismo, es una persona triste y muchas veces amargada. Esta actitud impide una relación íntima con Dios, y por lo tanto, estorba el fluir del gozo del Señor.

3) "Nunca me has dado para gozarme con mis amigos".
Muchos no hemos alcanzado a comprender que Dios es espléndido con sus hijos. De la misma manera que el Padre dijo al hijo mayor, Dios mismo nos está diciendo a nosotros: "Hijo, tú siempre estás conmigo y TODAS MIS COSAS SON TUYAS". Todo el oro y la plata le pertenecen. (Hag.2:8) Nuestro padre es rico y El dice, "Todas mis cosas son tuyas".

Sólo porque algunos se han enamorado de la provisión abundante de Dios, no cambia el hecho de que debemos gozarnos con EL DIOS de la provisión abundante.

4) "Se enojó y no quería entrar".
Este joven no pudo regocijarse por las bendiciones de su hermano. El sentía envidia y celos. ¿Puedes tú gozarte cuando otra persona recibe algo grande de parte de Dios, aun cuando esta persona no es tan "espiritual" como tú? A veces Dios empieza a bendecir a un cristiano nuevecito, tal vez abriéndole puertas que uno con muchos años de servirle no ha podido lograr. ¿Cuál sería tu actitud ante esto? Recuerda, la envidia te robará el gozo.

III. ¿Por qué necesitamos el gozo?

¿Por qué es tan importante que vivamos en el gozo del Señor? Las Escrituras mencionan una variedad de resultados cuando su pueblo se goza, cosas que hemos visto a través de todo este estudio, pero al terminar, quiero señalar dos razones específicas:

1) Su gozo nos fortalece.
"No os entristezcáis, porque el gozo del Señor es vuestra fuerza" Neh. 8:10. Si no tenemos gozo, no hay fuerza ni ánimo para seguir adelante. Estamos viviendo en días difíciles con desafíos enormes y como nunca antes necesitamos ser fuertes para enfrentar tales situaciones. Cuando vivimos en el gozo del Señor, encontraremos nuevas fuerzas: físicas, emocionales y espirituales. ¡No permitas que el enemigo te robe el gozo!

2) Su gozo provoca que pecadores se conviertan.
David, el hombre conforme el corazón de Dios, dijo: *"Vuélveme el gozo de tu salvación....entonces enseñaré a los transgresores tus caminos y los pecadores se convertirán a ti"* (Sal. 51:12, 13). Cuando seamos personas gozosas, no por las circunstancias, sino porque mantenemos la perspectiva de Dios...entonces "¡los pecadores se convertirán a El!" Y ¿qué hay más importante que esto?

■ ■ ■ ■ ■

Voy a terminar con Habacuc 3: 17, 18: *"Aunque...la higuera no florezca, ni en las vides haya frutos; aunque falte el producto del olivo...*(aunque no pude salvar mi matrimonio, aunque Dios no sanó a mi ser amado, aunque haya cosas que no entiendo)....*con todo yo me alegraré en el Señor y me gozaré en el Dios de mi salvación"*.

Oración sugerida:
En el Nombre de Jesús, tomo autoridad sobre el espíritu de descontentamiento, de murmuración y de queja, atándolo y echándolo fuera de mi vida. A la vez, te pido, Señor, que me llenes con tu Espíritu, para que tenga una actitud de gratitud por todo lo que has hecho en mi vida. Como David, yo también te pido que me vuelvas el gozo de mi salvación.... "entonces enseñaré a los transgresores tus caminos y los pecadores se convertirán a ti".

Epílogo

Uno de los ejemplos modernos que más me ha inspirado y desafiado es la historia de Martín y Gracia Burnham. Ellos fueron misioneros en las Filipinas, sirviendo con la Misión Nuevas Tribus. Siendo piloto, el trabajo de Martín fue volar una avioneta a los lugares más remotos, tanto para llevar provisión a los misioneros aislados, como también llevar gente al hospital cuando había emergencias. Juntamente con sus tres hijos, estaban contentos sirviendo al Señor y al pueblo filipino.

De repente, una madrugada en diciembre del 2002, esta pareja fue secuestrada por un grupo terrorista, quien pedía un rescate de varios millones de dólares. Como la política de la Misión Nuevas Tribus es no pagar rescate, Martín y Gracia se quedaron en cautiverio por más de un año. Finalmente, en un tiroteo entre el ejército filipino y el grupo terrorista, Martín murió y Gracia escapó. Posteriormente, ella escribió un libro, compartiendo sus muchas experiencias durante este año en cautiverio, caminando día tras día en la húmeda y calurosa selva y amarrados por una cadena a un árbol en las noches, para que no escaparan.

Toda su historia es muy inspiradora, incluyendo cómo continuamente testificaban de su fe a sus captores, musulmanes fanáticos. Pero lo que más me impacta es que, en sus últimos días, sus pensamientos se enfocaron en una Escritura: *"Servid a Jehová con alegría; venid ante su presencia con regocijo"* (Sal. 100:2).

Martín dijo a su esposa: "Posiblemente no salgamos de esta selva vivos, pero por lo menos podemos salir de esta vida con alegría. ¡Podemos servirle aquí donde estamos, y hacerlo con alegría!"

Y así vivieron sus últimos días juntos: en cautiverio, privados de todo lo que consideramos necesario para estar contentos, pero se regocijaron en el Señor. ¡Esta es la vida sobrenatural! ¡Vivamos tú y yo este estilo de vida y Dios será glorificado!

Material Adicional

Situaciones Difíciles Que Enfrentan Las Mujeres

tomo 1 tomo 2

Si alguna vez has enfrentado situaciones difíciles, sea la muerte de un hijo, la desintegración de tu matrimonio, el divorcio de un hijo, el dolor de la infidelidad, haber experimentado abuso sexual, la agonía de tener un hijo pródigo, la frustración de la impotencia sexual, la muerte de tu pareja, o cualquier otra situación que te ha causado dolor y sufrimiento, entonces estos libros son para ti.

El Perfil de Una Mujer de Dios

La autora valientemente confronta temas tan difíciles como: Qué significa ser una mujer santa, la sumisión de la mujer y los matrimonios no ideales, dando sabias respuestas a la luz de la Biblia

El Deleite y el Dolor de Ser Esposa de Pastor

¿Cuál es el patrón correcto o ideal para la esposa del pastor? ¿Debe tener un ministerio público? ¿Debe tener su casa abierta para recibir a la gente a todas horas? ¿Hay situaciones en que ella puede decir "no" a las expectativas de la gente de la congregación? ¿Qué debe hacer cuando existe competencia entre el ministerio y sus hijos? ¿Qué debe hacer cuando ve que su marido lleva una relación sospechosa con otra mujer en la iglesia?

CONSIGA TODOS LOS LIBROS

CRECIMIENTO

- 7 Cosas que Jamás Aceptaré
- El Dominio del Creyente
- Cómo Romper la Maldición de la Pobreza
- Poder en tu Boca
- Usted puede Ganar en la Vida
- Rompiendo Ataduras
- Cambia tu Vida a Través del Gozo
- 11 Mitos Mortales Vs. La Verdad
- Libre de Temor
- Satanás Casi Destruyó mi Vida
- María: Una vida ejemplar
- Tú puedes ser libre de ataduras sexuales
- La Importancia del Perdón
- Cómo Experimentar la Presencia de Dios
- La Nueva Era del Ocultismo
- Apocalipsis y el Nuevo Milenio
- Jesús de Nazaret
- La Persona que Dios Usa
- Tu Puedes ser Sobreabundantemente bendecido
- Mujeres Bíblicas #1
- Mujeres Bíblicas # 2
- Conociendo a Dios
- Verdades que Transforman
- Respuestas Bíblicas a 10 Preguntas Actuales
- Más que Vencedores
- 10 Fundamentos para una vida de éxito
- Experimenta la Presencia de Dios a Través del Tabernáculo
- El Asombroso e Inagotable *Amor de Dios*
- Tú puedes ser sanado
- Como criar a un hijo adolescente ¡sin volverse loca!

*Alcanzando Grandeza bajo autoridad
*Por qué no soy como tú?
*Viendo a Dios y su amor en el libro de Exodo

* *Libros Nuevos*

PARA MUJERES

- De Mujer a Mujer
- La Mujer de Excelencia (Curso y Bolsillo)
- La Mujer Verdaderamente Libre
- Tú puedes ser feliz, con o sin un hombre *(Ampliado y Actualizado)*.
- De repente ¡Me quede Sola!
- ¡Auxilio! Me pidió el divorcio
- El Perfil de una Mujer de Dios
- ¿Quién Puede entender a los Hombres?
- La Verdadera Belleza
- 10 Errores que Cometen las Mujeres
- 8 Tipos de Madre
- Proverbios y la Mujer Moderna
- La Mujer y sus Emociones
- Situaciones Dif. que enfrentan las mujeres No. 1
- Situaciones Dif. que enfrentan las mujeres No. 2
- El Deleite y el Dolor de ser Esposa de Pastor
- Disfruta donde estás mientras caminas a donde vas. (Vive en gozo)

*De Profesión: Mamá...

PARA MATRIMONIOS

- 14 Reglas para un Conflicto Matrimonial
- Amistad e Intimidad
- Matrimonio al Máximo
- 10 Mandamientos para el Matrimonio
- Curso de Matrimonios
- Fundamentos para el matrimonio

PARA LA FAMILIA

- Sus Hijos, Barro en sus Manos
- La Familia Feliz
- Cuando Los Hijos se Rebelan
- 10 Errores que cometen padres de niños
- El Plan de Dios para la Familia

AVIVAMIENTO

- Sorprendido por el Espíritu
- Una Aventura que Vivir
- Maravillas, Prodigios y Señales
- Avivamientos de sanidad # 1
- Avivamientos de sanidad # 2

PARA PEDIDOS VER CONTRAPORTADA REV. Y

LIBROS

ORACION
- Orando para Lograr Resultados
- El Secreto para Cambiar su Familia
- Cuando una Mujer Ora por sus Hijos
- Poseyendo la Tierra
- Cuando la Mujer Ora
- Intercesión: La Bomba Nuclear de Dios

PARA JOVENES
- El Joven y su Sexualidad
- ¡Sexo, Vale la Pena Esperar!
- Novela Crystal
- Sabiduría para encontrar tu pareja y dirigir tu noviazgo

UNA VIDA RADICAL
Biografía de Víctor y Gloria Richards

PARA HOMBRES
- ¡Este Hombre sí Supo!
- El hombre, hijo, esposo, padre y amigo
- Ni macho ni ratón, sino verdadero varón
- Hombro con Hombro
- De Padre a Padre
- Faldas, Finanza y Fama
- Dios, el Dinero y tú
- 5 Prácticas de las personas que triunfan
- Una actitud que abre puertas
- Hombres en Llamas

*Serie "Saliendo de la Cueva"
- #1 Venciendo la Aflicción y la Depresión
- #2 Venciendo la Carga de las Deudas
- #3 Venciendo la Amargura y el Dolor

Nuevo Material

OTROS MATERIALES

VIDEO-LECCIONES
(Incluye manual) VHS y DVD
- Apocalipsis y el nuevo milenio
- La Nueva Era del Ocultismo
- El Verdadero Sexo Seguro (No manual)

*Desenmascarando a Da Vinci

VIDEOS Y DVD PARA MATRIMONIOS
- Disfrutando las diferencias
- 10 Mandamientos para el Matrimonio
- 10 Mandamientos para la Familia

*Matrimonio Maravilloso en el Espíritu

AUDIO CASETES DE MUSICA
(Para niños)
- Cantando la Palabra
- Venciendo el Miedo-*Vaquero Vázquez*
- El Baño de Lucas (CD y Cass.)
- El Gran Engaño
- La Tía Ruperta (CD y Cass.)

MENSAJES
- ¿Qué sucede después de la Muerte? (2 DVD's /2 CD)
- La Bendición de Vivir Bajo Autoridad (4 cass./4 DVD's/2 VHS))
- La Verdadera Aventura (4 CD's y 4 cass.)
- Conectando con mis hijos (2 cass./2 CD's)
- Liderazgo en tiempo de Crisis (4 CD's / 4 Cass)

AUDIO CASETES Y CD´s DE MUSICA
- Se escucha la lluvia
- Unidos por la Cruz
- Hombres Valientes
- Clamemos a Jesús
- Generación sin Frontera
- Ven y llena esta Casa
- Esclavo por amor

PARA PEDIDOS VER CONTRAPORTADA REV. Y